3文で書いてみよう！

はじめての英語日記

My First English Diary

吉田研作　監修・著
白井恭弘　著
コスモピア編集部　編

コスモピア

はじめに

コスモピア編集部

　本書は、『My First English Diary きょうから始める英語3文日記』の改訂新版です。

　「3文で英文日記を書く」というコンセプトはそのままに、はじめて英語で日記を書こうと思った人が、本書を参照するだけで不自由なく書き始められるように、細部まで見直して再構成しました。

　第1文から何も思い浮かばないという人でも、3文日記を書き上げられる展開パターンを導入したほか、「写メ」「空気が読めない」といったカジュアルな表現を豊富に追加しました。今まで英文を書いたことがないという人を含めて幅広く対応できるものになったという思いから、書名を『はじめての英語日記』と改めました。その一方で、ネイティブ・スピーカーによる日記添削例など、好評だった部分は改変せずに収録しています。

　日記を書くということは、その日のうちで特に心に残ったことを書き留めておく、きわめて個人的な営みです。それを英語で書くということは、その人にとって一番必要なことを英語で表現する力をむだなくつけることにつながります。

　しかし、ひとりで英語の日記を書き続けていくにはさまざまな困難が伴います。たとえば、自分の書いた英語が「正しい」かどうかを確認するにはどうしたらいいか、という問題です。

　本書では、英語3文日記を書いてくださったモニターのかたがたのレポートをもとに、どこが英語で日記を書くうえで問題になるのかというポイントを明らかにし、その対処法をいろいろな形で提示しています。日記を

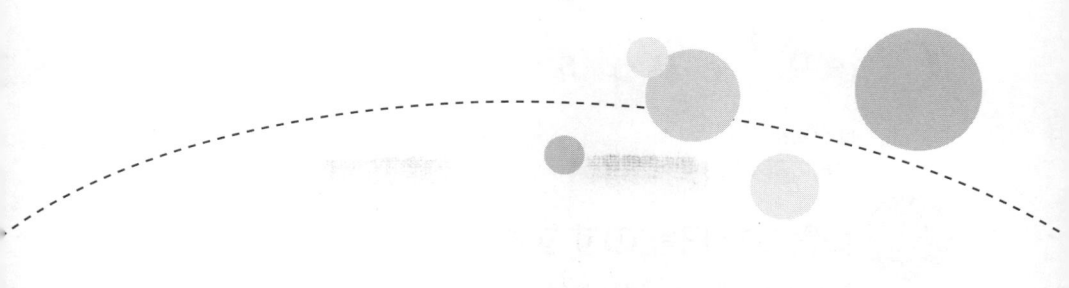

書いていて行きづまったら、本書を見返してみてください。どこかに役に立つヒントがあるはずです。

　また、モニターのかたがたの日記は、最終的にひとつの英文に対して4人のネイティブ・スピーカーが添削しています。その結果、時制にせよ、冠詞にせよ、異なる見解が出ることがありました。

　ネイティブの添削自体、絶対的なものではありませんし、思いをこめて書いた文は、文法的な間違いがあっても案外通じるものです。文法的には間違いではないけれども、何を言いたいのかよくわからない文があるかと思えば、間違いは多くても、気持ちが十分に伝わり、添削者が声をあげて笑っているような文もありました。書くということは思いのほか自由な行為なのです。

　誰にも添削してもらえないまま、自分勝手に間違った英文を書いていても仕方がないのではないか。そういって躊躇したくなる気持ちは、少なからずあるかもしれません。

　しかし、この3文日記を書き続けるうちに、そんな不安は打ち消されていくでしょう。そして、3文では物足りなくなって、自分のことをもっと英語で表現したいと思うかたが、どんどん出てきてほしいと願っています。

　今から英文日記に挑戦しようと、本書を手に取られたみなさまのご健闘を祈ります。

2007年10月吉日

Contents

はじめに ······································ 2
本書の基本的な考え方 ······················ 6

第1章 英語3文日記のすすめ ············ 7

1. 3文日記で英語の「型」を覚える ················ 8
2. 英文日記を書くことは、なぜ英語力アップにつながるか ········ 14
3. 3文日記をステップアップしていく方法 ············ 19
4. 英語にしにくい日本語を英語にする方法 ············ 22
　　練習問題 ······ 27
5. 誰もが悩む文法問題——3つの処方箋 ············ 28
　　Part 1　時の表し方 ······ 28
　　Part 2　冠詞、単数・複数 ······ 42
　　Part 3　文をつなぐ方法 ······ 48
6. トピック別の日記展開パターン ················ 59
　　① 今日の天気は〜だった、今日は○○の日だった ······ 60
　　② テレビを見た、映画を観た、本を読んだ、音楽を聴いた ······ 62
　　③ 〜へ行った、〜を訪れた ······ 64
　　④ ○○と〜の話をした ······ 66
　　⑤ 〜を食べた ······ 68
　　⑥ 〜を買った ······ 70
　　⑦ 〜をもらった、あげた ······ 72
　　⑧ 電話・メールをした、電話・メールがきた ······ 74
　　⑨ 〜する予定だ、〜することになった ······ 76
　　⑩ 〜が始まった、〜が終わった ······ 78

第2章 英語3文日記帳 ················ 81

Tips for your Diary ①　Diary, Blog, or Journal? ······ 85
Tips for your Diary ②　現代型日記 Blog ······ 87
Tips for your Diary ③　Journalって? ······ 89
Tips for your Diary ④　きょうの天気は? ······ 91
Tips for your Diary ⑤　きょうの調子は? ······ 93
Tips for your Diary ⑥　ダイエット日記 ······ 95
Tips for your Diary ⑦　自分の気持ちを表現するには ······ 97
Tips for your Diary ⑧　風邪にもいろいろ ······ 99
Tips for your Diary ⑨　ペンと紙を常備 ······ 101
Tips for your Diary ⑩　旅行先での体調管理 ······ 105
Tips for your Diary ⑪　映画の名セリフ① ······ 107
Tips for your Diary ⑫　映画の名セリフ② ······ 109
Tips for your Diary ⑬　映画の名セリフ③ ······ 111

第3章 添削付き日記例とQ&A ……………… 113

第4章 お役立ち表現リスト ……………… 145

- 年間行事 …………………………………… 146
  JANUARY 146 / FEBRUARY 147 / MARCH 147 / APRIL 147 /
  MAY 148 / JUNE 148 / JULY 149 / AUGUST 149 / SEPTEMBER 149 /
  OCTOBER 150 / NOVEMBER 150 / DECEMBER 151
- 天気 ………………………………………… 152
  晴れ 152 / 曇り 152 / 雨 153 / 雪 153 / 霧、湿気 154 / 風 154 /
  気温 155 / その他 155
- 病気・けが・症状 ………………………… 157
  病気 157 / けが 157 / 症状 157 / 病院、健康診断、検査、治療 159 /
  薬 160 / その他 160
- 感情表現 …………………………………… 162
  喜 162 / 怒 163 / 哀 164 / 楽 166 / その他 166
- 日々の生活 ………………………………… 172
  日常生活 172 / プライベート、休日、レジャー 174 / 職場、仕事 176 /
  学校生活 178 / 趣味 179 / 人物 180 / 買い物 181 / その他 182

巻末資料 ……………………………………… 187

- 刊行物　辞書・語学書・ライティング …… 188
- Web①　英文法・ライティング …… 189
- Web②　オンライン辞書 …… 190
- Web③　オンライン・ダイアリー …… 191

コラム
天気予報を書く時の時制の一致は？ ……………………… 33
注意したい接続詞 and、but、because ……………… 47
英語は人に焦点をあてる ……………………………… 58
冠詞を間違うと、どの程度意味が通じない？ ……… 80
たまには、from an objective point of view ……… 186

本書の基本的な考え方

　本書では、3文で英語の日記が書けるようになることを所期の目的としています。3文で書く力をつけることは、ライティング力をアップさせるだけでなく、英語力の向上に大きく影響するのです。

　たとえば、英会話などで"How are you?"と聞かれて、"Fine, thank you."までは言えても、それ以降が続けられないという話をよく耳にします。この状態からステップアップしていくには、何かしらアウトプットのトレーニングをすることが不可欠です。

　日記を書くということは、話し相手としてのネイティブ・スピーカーがいなくても、ひとりでできるアウトプット活動です。また、自分が普段どんな行動をしているのか、何を考えているのか、といったことを再確認できるうえ、自分にとって必要なボキャブラリーも身につきます。

　ただ、せっかく日記で英語のアウトプットを始めても、"It was sunny today."と1文書くだけでは、会話でいう"Fine, thank you."で止まってしまう状態とそれほど変わらないことになります。

　しかし、2文、3文と続けて書く練習をすることで、表現したいことを展開させていく力が磨かれていきます。やがて、会話でも"Fine, thanks. I'm going to go shopping this afternoon. I want to get some makeup. How about coming with me?"と続けられるようになるでしょう。

　3文日記を書く意義やポイントは、次ページから始まる第1章で詳しく説明しています。続く第2章には日記を書くスペースがありますから、早速きょうから自分だけの日記を書いてみましょう。

　英語を使ったあなた自身の表現活動が、この3文日記から始まるのです。

第1章

英語3文日記のすすめ

3文日記を書くうえで、知っておきたい考え方から具体的な英文作成の手順までを段階的に紹介します。ライティングのスキルをアップさせていくためのヒントがいっぱい詰まっていますので、折に触れて読み返してみることをおすすめします。

1. 3文日記で英語の「型」を覚える …… 8
2. 英文日記を書くことは、なぜ英語力アップにつながるか …… 14
3. 3文日記をステップアップしていく方法 …… 19
4. 英語にしにくい日本語を英語にする方法 …… 22
5. 誰もが悩む文法問題 ── 3つの処方箋 …… 28
6. トピック別の日記展開パターン …… 59

1 3文日記で英語の「型」を覚える

吉田研作

　英文で日記を書くということは、英語のアウトプットを始めるうえで、最適な方法といえるかもしれません。時間や場所をそれほど選びませんし、ひとりで実践できるというのも大きなメリットです。まずは、3文日記で英語を書く練習を始めてみませんか。

書くことは難しくない

　英語の4技能の中で、聞き取りと読解は受身的な能力なので比較的学びやすいけれども、話すことと書くこと、つまり自ら英語で自分の考えや気持ちを表現するという能動的な能力は難しい、とよく言われます。確かに、一見そのように見えるかもしれませんが、本当にそうでしょうか。

　聞き取りに関して言えば、話し手に自分より高い英語力がある場合、聞き手である私たちが知らない単語や表現がどんどん出てくる可能性があります。また、相手が外国人だった場合、自分とは違った文化的背景を持った人ですから、話の背景がわからないと理解できないことがあります。

　読解も、書き手の英語力によって文章の難しさが決まります。書き手の前提知識や文化的背景がわからなければ、知らない単語を辞書を引きながら文章を理解しようとしても、なかなか理解できないことがあります。

　それに対して、話す、書く、という能動的な能力は、話し手、あるいは、書き手である私たちの英語力の範囲内でしか行うことができません。しかも、私たちの文化的背景や前提知識に基づいたものになります。ですから、少なくともある程度の英語力があり、話したい、あるいは、書きたい内容があれば、聞き取りや読解よりもやさしい、ということができるでしょう。

　しかし、確かに理屈ではそうかもしれませんが、どうしても直感としては、話すこと、書くことは、聞いたり読んだりするより難しい、と感じる人が多いでしょう。では、なぜ、話すことと書くことのほうが難しく感じるのか考えてみましょう。

話す、書く機会を増やす必要性

　まず、聞き取りの場合を考えてみましょう。私たちの周りには、テープ、CD、テレビなどのメディアを通して、あるいは、学校にいるALTなどのネイティブ・スピーカーから、直接、英語を聞く機会がたくさんあります。

　基本的には、英語を聞く機会が多ければ多いほど、聞き取りは上達すると考えられます。とはいえ、例えば、1カ月間でもアメリカにホームステイする機会に恵まれ、実際の「コミュニケーション」の手段として英語を聞いた場合と、日本にいて、時にはあまりよく意味もわからないままに、テープやCDなどで数千時間英語を聞いた場合とを比べると、明らかに前者のほうが効果があることがわかっています。つまり、自分にとって「意味のある」聞き取りの機会を多くすることが大切です。

　また、読解の場合も、本や雑誌、そして、現在では、何よりもインターネットを通して英語を「読む」機会がたくさんあります。しかし、これも何でもよいわけではなく、当然、自分に興味のあるもの、関心のあるものを読むことが大切です。いずれにせよ、英語を「読む」機会は周りにたくさんあることは事実です。

　理論的には、聞き取りや読解は、話したり書いたりすることよりも難しい、とはいうものの、現実的に英語を聞いたり読んだりする機会が多いぶん、知らず知らずのうちに練習の機会が多くなっている、と言えます。

　ということは、理論的にはよりやさしいはずの、話す、書くという能動的な能力は、それを実践する機会を増やすことができれば、聞き取りや読解以上に上達する可能性がある、ということになるはずです。難しいのは、英語を話す、あるいは書く、という場合、よほど私たち自身が積極的に行動しなければ、その機会を増やすことができない、ということでしょう。

　では、どうすればその機会を増やすことができるでしょうか。
ここでは、本書のテーマである、英語を「書く」ことに焦点を当てて考えてみましょう。英語を書く、とは言っても、一体何を書けばよいのでしょうか。まさか、万人が英語で「論文」や「記事」を書くわけではないし、手紙を書くと言っても、相手がいなければ意味がありません。

　では、ひとりでできる「書く」作業というのはどんなものでしょうか。

真っ先に思い浮かぶのはやはり「日記」でしょう。英語で自分がやったこと、考えたこと、感じたことなどを日記に書くことによって、いわば、自らと対話するのです。書く相手は、自分自身なのです。

意味的に通じる「正確さ」を身につけよう

　日記は、確かに自らとの対話という点で、ひとりでできるコミュニケーションですが、ひとつ大きな問題が残ります。

　それは、自分が書いた英語が果たして「正しい」かどうか、ということです。もちろん、文法的に「完璧」である必要は必ずしもありませんが、少なくとも自分以外の第三者（特に、外国人）が読んだときに、十分理解できる英語になっているかどうか、ということが気になるのではないでしょうか。どんなに書いても、結局は「自己満足」の域を出ずに、他人に通じない英語だったとしたら、あまり意味がない、と言っても過言ではありません。

　書くという作業は、同じ能動的な技能である「話す」ことと比べて、イントネーション、ポーズ、話す速度、リズム、さらには、ジェスチャーなど、話を理解するうえで重要な役割を果たす言語以外の要素が欠けています。そのため、言語のみに頼って言いたいことを伝えなければならないぶん、文法や語法などの正確さが求められる、と言えるでしょう。つまり、時間をかけて、自らが書いたものを吟味し、書き直すことができる、という点で、より「正確」さが求められるのです。

　だからといって、文法的に「完璧」である必要はありません。大切なのは、自分の考えや気持ちを「正確に」に伝えられることです。

　例えば、I met him <u>at</u> the corner of Main and Third Streets. と言っても、I met him <u>on</u> the corner of Main and Third Streets. と言っても、意味的には相手に誤解を生むことはないし、その意味で「正確さ」に差はないといえます。

　同じように、冠詞が抜けたり（I went to United States last week.）、過去分詞が違っていたりしても（My friend had ran to school before me.）、あるいは、副詞を主語にしたからといって（Today was good weather.）、意味や意図を正確に伝えるという観点からすると、問題はありません。

逆に、文法的に一見正しくても、意味的に間違っていたとしたら、そちらのほうが問題です。例えば、「私は新しい上司に魅了された」と言いたいところを、I attracted our new boss. と言ったのでは、「上司が私に魅了された」ことになってしまいます。

このように、文法的には一見正しくても、意味的に「正確」ではない場合があります。この場合だと、I was attracted to our new boss. が正しいのでしょうが、I was attracted by our new boss. と言っても、意味的には「正確」だと言えます。

では、どうすればこのような意味的に通じる「正確さ」を身につけられるのでしょうか。最も良い方法は、あるひとつのジャンルの文章をたくさん読み、そのジャンルで使われる表現の「型」を、知らず知らずのうちに使えるようにすることです。

私の場合には、論文をよく書きますが、その書き方を覚えるコツは、論文をたくさん読むことにあります。論文をたくさん読むことによって、その書き方が徐々に身についてくるのです。

もちろん、細かい点になれば、文法的な間違いが多少残る可能性はありますが、意味的な正確さはかなりの程度まで身につけることができるはずです。

3文日記で「型」を覚える

そこで、まだ英文を書き慣れていない人にとって、どのようなジャンルから入ればよいか、ということを考えると、日記が思い浮かぶわけです。

理由は、日記にある程度「型」らしきものが存在するからです。例えば、多くの日記は、天気から始まります。ということは、天気について書くときの「型」を覚えればよいことになります。

また、日記というのは、一般にインフォーマルな書き方をするものです。論文やスピーチ、あるいは、ビジネス・レターのような堅苦しい文章ではありません。

そして、内容的には、大きく分けて、「出来事」、「思い・感情」、そして、「考え」という3つのものから成り立っているといえます。この特徴を捉える

ことができれば、日記の書き方は比較的覚えやすいはずなのです。

- Today the weather was cloudy and the temperature was cool.［天気］
- The train this morning was so crowded that I couldn't get off at my station.［出来事］
- I hate the rush hour traffic.［思い・感情］
- Tomorrow, I'm going to take an earlier train.［考え］

　もちろん、日記の場合は、基本的に何を書いてもよいのです。上司に怒られて腹が立った日や、恋人ができた日などは特に、「気持ち」の部分が多くなるでしょうし、旅行に行っていろいろな新しい経験をすれば、「出来事」についての記述が多くなるでしょう。会社で新しい企画会議があり、そのことで頭が一杯のときは、「考え」の記述が多くなるはずです。

　いずれにせよ、文章自体は比較的簡単で、インフォーマルな書き方になることが多くなると思われます。

　そこで、本書では、「天気」、「出来事」、「思い・感情」、そして「考え」、という4つの要素からなる日記を通して、英語を書くことに慣れ親しんでもらいたいと思っています。

　天気については、さほど書き方も日ごとに変わることはないでしょうが、そのほかの3要素は、その日その日で当然変わってきます。ということで、本書では、天気を除いた部分の書き方に慣れてもらう意味で、「3文日記」、としたわけです。

　もちろん、毎日この3要素が必ず含まれていなければならない、という訳ではありません。日によっては、出来事が中心でもかまわないし、考えを中心に書きたくなることもあるでしょう。その時に自分が一番書きたいものを書けばよいのです。

　もうひとつ言えることは、日記はその日の出来事が中心になりますので、時制的に「過去」形がよく使われます。上記の例でいえば「天気」（was cloudy）、「出来事」（was so crowded）の部分がそうです。

　しかし、感情や考えについては、「その時こう感じた」（I felt…）や「その時こう考えた」（I thought…）という場合は同じく過去形が使われるでしょうが、この例のように、「普段」感じている（I hate…）とか、今日の経験を

基に「これから」何かしようと思う（I'm going to…）という場合は現在形や未来を表す表現が使われます。

つまり、このような「文法的」な「型」を覚えるうえでも、日記は役立つのです。

 毎日続けて文章を磨こう

日記は毎日書くものです。また、日記は自分が関心があることについて、自己表現をする場です。与えられたテーマについて無理やり書くのではありません。

また、自分ひとりだけではわからない「正確さ」については、他の日記の例や日記の型にあった用例、解説などを参照すれば、かならず上達するでしょう。

ここでは、数百という実際の日記を基に解説や用例を載せているので、意味的には、かなりの程度まで皆さんが言いたいな、と思っていることに近い「型」を提示できるのではないかと思っています。

最初は多少つらいかもしれませんが、三日坊主にならないように、毎日続けるように努力してくださることを願っています。

2 英文日記を書くことは、なぜ英語力アップにつながるか

白井恭弘

　1日10分間、英語で日記を書くことで、英語力アップに決定的な差が出るのは間違いありません。書くという行為は、想像以上に言語活動において大きな影響を与えるのです。言語を自在に操る力を伸ばすためには、インプットのみの学習では限界があるといわれています。それでは、英語で書くというアウトプットの行為が、どのように英語の習得に影響するのでしょうか。第二言語習得の研究成果から、英語で日記を書くことの有用性を探っていきましょう。

インプットだけで言語は習得はできるか？

　言語をどのように習得するかの研究に、インプット（聞いたり読んだりする）だけで言語習得が可能か、それともアウトプット（話したり書いたりすること）が必要か、という論争があります。これは主に幼児の母語習得に関する論争ですが、外国語の学習にも密接に関係してきます。英文日記を書くということは、日本に住んでいる学習者にとっては貴重なアウトプットの機会になりますので、それに関連して、すこし考えてみましょう。

ある日突然話し始めた……インプット仮説

　「言語は、母語も外国語も言語内容を理解することによってのみ、習得される」と主張するのが、応用言語学者のクラッシェン（Stephen Krashen）です。彼はさまざまな証拠から、この理論を主張していますが、ここでは、わかりやすい証拠を取り上げてみましょう。

　みなさんは、なかなか話し始めないが、話し始めたら、完全な正しい文を話した、という子供の話を聞いたことがありますか？　以前、一般向けの講演会で70人くらいの会場で聴衆に聞いてみたところ、10人ほどが、

そのような子供を実際に知っている、と答えていました。どうやら、かなりそういう子供がいると考えていいようです。

幼児は普通カタコトで話しながら、徐々に長い完全な文を作っていくので、なかなか話し始めない子供がいると、周囲の大人は心配になってきます。ところがある日突然、そんな子供が大人のような完全な文を話し始めるのです。

筆者の知る限りでは、そのようなケースがふたつありました。ひとつは、友人の姪のケースです。友人の姪はなかなか話し始めなかったのですが、初めて言ったことばが、「おかあさん、夕陽がきれいだねえ」だったそうです。

もうひとつは、アメリカ人の友人の弟のケースです。当時、友人の弟は家族とともに日本に住んでいて、日英語両方を聞いて育っていました。日本語も英語も話し始めないので周りが心配していたところ、ある日突然、日英語両方を流暢に話し始めた、ということです。

このようなケースは、言語習得そのものは、話す練習をしなくてもできる、という証拠といえるでしょう。これは母語習得の話ですが、第2言語習得でも似たような話はあります。親の転勤で海外に連れていかれた子供が、ずっと黙っていたのに、ある日、突然話し始めた、というのはよくあることです。

テレビからは言語習得ができない
……インプット仮説への反証

しかし、このようなインプット仮説では説明できない現象があります。ひとつは「テレビからは言語習得ができない」という現象です。アメリカで、親が言葉を話せないために、テレビを見て育った子供がいましたが、ケースワーカーに発見されたときの言語能力は、テレビを理解する能力はあっても、話をさせると文法的にはかなり不自然だったといいます。

さらに、受容的バイリンガルのケースも、インプット仮説への反証になります。受容的バイリンガルとは、聞くことはできるけれども話すことができないバイリンガルのことで、移民の2世、3世に多く見られます。

たとえば日系アメリカ人の場合、親が子供に日本語で話しても、子供は

学校に行くようになると、英語のほうが主要な言語になってしまい、日本語の能力は次第に衰えていきます。そして、日本語はわかるが話せない、ということになってしまうわけです。

　筆者はロサンゼルスでそのような日系アメリカ人と話したことがあります。こちらは日本語、彼女は英語でしばらく会話をしたあと、ちょっと興味があったので、日本語で話してもらったら、話はなんとか通じるが、文法はかなりくずれており、特に動詞の活用が間違いだらけでした。

　このような例は、インプットだけでは言語習得はできず、アウトプットも必要だという可能性を示唆します。では、このふたつの相反する現象をどう説明すればよいでしょうか。

🍀 仮説：アウトプットそのものではなく、インプット＋アウトプットの「必要性」が習得のカギとなる

　突然、完全な文で話し始める子供の例は、実際に話すこと、すなわちアウトプットそのものは言語習得の必要条件ではない、ということを示しています。けれども、インプットだけでは、話せるようにならないことは、テレビから言語習得ができないこと、受容的バイリンガルの存在からわかります。

　では、突然話し始める子供は、それまでいったい何をやっているのでしょうか。おそらく、頭の中で、話すことを考えていると思われます。さまざまな理由で（おそらく性格的なものでしょう）口には出さず、頭の中で文を組み立てる練習をしているのではないでしょうか。そうでなければ、突然完全な文を話すことはできないはずです。この頭の中で、文を組み立てる「リハーサル」というのがどうやらカギになりそうです。

　テレビだけを見て育った子供のケース、受容的バイリンガルのケースは、どちらも、このリハーサルをする必要がありませんでした。つまり、彼らの置かれた状況ではインプットを理解する必要はあっても、話す必要性がなかったのです。だから、聞いてわかるための能力は身につけることができましたが、発話の練習を頭の中でしなかったのでしょう。そのために発話能力が発達しなかったのだと考えられます。

　ですから、言語習得がなされるために必要な最低条件は、「インプッ

ト＋アウトプットの必要性」ということになります。アウトプットの必要性さえあれば、実際に話さなくとも、頭の中でリハーサルをすることによって、話せるようになると思われるからです。

「英語で考える」とは英語で話そうとする「リハーサル」

　よく英語をマスターするには英語で考えなければだめだ、と言われます。この「英語で考える」という概念はあいまいでよくわからないのですが、筆者は、アメリカに留学したときに、この「英語で話そうとリハーサルする」ことが、「英語で考える」ということの一形態だとはじめて気がつきました。

　最初の学期は大学の寮に入ったのですが、周りに日本語を話す相手はひとりもいませんでした。そのため、何か言いたいことはすべて英語で言わなければなりませんでした。そうしているうちに、あるとき、頭の中で英語で何か話している自分に気づいたのです。考えてみれば、これは自然なことです。人はその日に起こったこと、うれしかったこと、腹の立ったことなどを誰かに伝えたいと思うものです。実際に、だれに伝えるかはっきりしなくても、話すときには英語だということはわかっていますから、それを頭の中で英語でリハーサルすることになります。また、先生にアポイントメントをとったときに、何と言おうかなどと、いろいろ無意識のうちに考えていました。

　このようなリハーサルの効果は絶大です。まず、頭の中で英語を話しているので、口に出すか出さないかの違いはありますが、英語を話している時間が2倍、3倍に増えるようなものです。さらに、発話まで持っていかなければならないので、聞くときの集中度も高まり、言語処理のレベルも高まります。「実際に英語を話す」ことはなくとも、「英語でアウトプットする必要性」があるだけで、リハーサルの効果によって、言語習得のスピードが上がるわけです。

 **英文日記の重要性**

　英文日記を毎日3文だけでもいいから書くということは、これまで述べたようなことを考えれば、かなり効果が期待できることは明らかでしょう。アウトプットという意味では、話すことでも、書くことでもどちらでもいいのです。

　頭の中で、四六時中、これは英語で何ていうのか、などと考えていれば、それだけでかなり効果が上がります。しかも、英語を聞いたり、読んだりする時の処理のレベルが上がります。つまり、productionまで意識したcomprehensionが行われるので、そちらの面での効果も期待できるのです。

　英文日記を書いても、英語の学習時間が10分増えるだけではないか、などと思う必要はありません。たった10分のアウトプットの活動が、一日の英語学習全体に多大なpositive effectをもたらし、日記をつけない人とは決定的な差が出てくることになるのです。

3 3文日記をステップアップしていく方法

白井恭弘

3文日記では、最初からネイティブのような文章を書こうとする必要はありません。しかし、どのように英文を磨いていくかという方向性を知っておくことは、ライティングを上達させるうえでとても大切です。ここでは、3文日記をステップアップさせていく方法について紹介します。

 はじめに

この日記には3文という制限がありますが、最初から無理して素晴らしい日記を書く必要はありません。まずは、シンプルな文で慣れて、日記をつけることを日常化することが大切です。最初から欲張って、すぐにくじけてしまっては意味がありません。継続は力。まずは短いもので始め、慣れるにしたがって文をふくらませていければいいでしょう。

では、短い日記が書けるようになったとして、どのようにステップアップすれば生き生きとした文章になるのでしょうか。基本的には、ひとつの文に、より多くの情報を盛り込んでいくと考えればよいでしょう。そのときに使うのが、形容詞や副詞、副詞句などの修飾語句、あるいは複数の文をひとつにまとめる接続詞や関係詞です。

ここでは、その方法をStep 1からStep 3への移行というプロセスとして解説します。

 1st Step

①きょう、田中さんと会った。　　I saw Mr. Tanaka today.
②一緒にランチを食べた。　　　　I had lunch with him.
③とても楽しかった。　　　　　　We had a very good time.

まず最初は、簡単な文で書きましょう。ここでは、単なる事実の描写で

す。文の構造もすべて単文で、修飾語句もほとんどなく、接続詞もまったくありません。ここでものたりなくなったら、次のステップです。

2nd Step

・きょう、久しぶりに田中さんと会った。
・いっしょに宮川で昼食を食べた。
・ニューヨークの話をいろいろ聞けて楽しかった。

①I saw Mr. Tanaka today <u>for the first time in a while</u>.
②We had lunch <u>together at Miyagawa</u>.
③We had a very good time <u>with a talk about his life in New York</u>.

　下線部が新しく付け加えられた情報です。ここでは、どれも前置詞句（副詞句）で付け加えています。時間あるいは場所についての情報を追加することで、内容がより具体的になっていきます。
　最後の③の文は、どんなことをしてすごしたかという情報が付加されています。「ニューヨークの話をいろいろ聞けて」という日本語にこだわらず、英語らしい表現でそれに近い内容を伝えることを心掛けてください。ここでは、「彼のニューヨーク生活の話で」や「彼のニューヨークでの生活について話して」など、より英語になりやすい表現にして英語で表すことが大切です。ちなみにこの文は、分詞構文でもいえます（, talking about his life in New York.）。

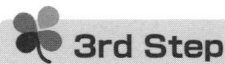
3rd Step

・きょうの午後、会社で、駐在先のニューヨークから一時帰国した田中さんと久しぶりに会って、宮川で一緒においしいランチを食べた。
・ニューヨークのオフィスは、業務拡大のため非常に忙しいらしい。
・しかし、彼はとても元気そうで、ニューヨークのビジネス事情を聞けてとても楽しかった。

①I saw Mr. Tanaka this afternoon, who is back for business trip from his office in New York, and we had a wonderful lunch together at Miyagawa.
②He said that the New York office had been extremely busy with the business expansion.
③Despite this, he seemed to be doing well, and we had a very good time with a talk about his business in New york.

　同じ3文とはいえ、ここでは、さらに具体的な情報を盛り込んで、かなり生き生きした描写になっています。たとえば、最初の文では today → this afternoonと時間をより具体的に述べたり、何のために帰ってきたかなどの情報が、関係代名詞の非制限用法で付け加えられています。また、Step 1からStep 2では、2文で表していた内容を、接続詞 and でつないで、1文でコンパクトに表しています。その分、第2文に新しい情報を付け加えることができていることに注目しましょう。接続詞や関係代名詞の使い方については、*p*.48で詳しく述べていますので、そちらを参照してください。

　また、形容詞や副詞を使うことで、より細やかなニュアンスを添えることができます。a wonderful lunch とすることで満足のいくランチだったことがわかりますし、extremely busy はただの busy に比べて、かなり忙しい様子が伝わります。

　このように、徐々に情報を付け加えていくことによって、より内容的に豊かな日記にすることができます。Step 1〜Step 3への移行は、長期的な目標にしてもいいでしょう。あるいは、時間的に余裕のある日に、まず3文を書いてから、推敲という形で情報を付け加えて、日記のレベルアップをはかるやり方でもいいでしょう。

　それに、このようなステップアップの目標を持っていると、英文を読む際にも「どんな語句を使った表現があるだろうか」といった視点が生まれてきます。書物などからいろいろな表現をインプットし、それを日記でアウトプットするという形で生かしていく。このようなよい循環ができると、あなたの英文日記、またさらには英語力が豊かなものになっていくはずです。

4 英語にしにくい日本語を英語にする方法

吉田研作

　英語で日記を書いていると、たとえば「年越しそば」のように、日本特有の習慣や事物など、英語にしにくい語句や表現で行き詰まってしまう可能性があります。そこで、英語でいい表現が思いつかない場合に、うまく説明するパターンをいくつか紹介したいと思います。

日本語で思いついた表現を英語でどういうか
例：「がんばれ」というだけの精神論ではどうにもならない

　英語を書くときの難しさのひとつに、日本語で日常的に使われている表現で、英語に一対一対応が見つからない表現をどうやって英語で表すか、ということがあります。

　例えば、『「がんばれ」というだけの精神論ではどうにもならない』などという表現を英語にするにはどうすればよいのでしょうか。特に、「がんばれ」という精神論……を英語にするのは、どう考えればよいのでしょうか。

　このように英語にしにくい日本語を英語にする場合には、柳瀬和明先生が書いておられるJ1-J2、それを基にE2-E1へ、という考え方がわかりやすいと思います（吉田、柳瀬共著『日本語を活かした英語授業のすすめ』大修館書店　p.188参照）。ここで、J1-J2とは、「自分が言いたいオリジナルの日本語」（J1）から、「英語にしやすい日本語」（J2）に言い換える、というステップです。次のE2-E1は、「英語にしやすい日本語を英語にしたもの」（E2）から「より英語らしい英語」（E1）にする、というステップのことです。大切なのは、思い浮かんだ日本語を、いかにして英語にするか、ということですから、J-2にもっていくこと、そしてそのJ2をE2へ、つまり、英語で表現する、ということなのです。

　先ほどの「がんばれというだけの精神論」を例に考えてみましょう。この表現をもっとわかりやすい日本語（J-2）の表現に直したらどうなるか、

を考えて見ます（なお、そのときに参考になるのは、例えば、子供に、「がんばれというだけの精神論って、どういう意味？」と聞かれたときにどう説明するかを考えてみるとよいでしょう）。この場合、「がんばれ」という表現も日本語特有の表現なので、英語にしづらいのですが、さらに、その後の、「……というだけの精神論」も、とても直訳できそうにはありません。では、どうすればよいでしょう。

　そこで、この「……というだけの精神論」をもっとわかりやすい日本語に言い換えるとしたら、考えられるもののひとつに、「がんばれ、と言うだけでは」という表現があります。これなら、Just sayingとかSimply saying... という言い方に換えることができます。

　もし、「がんばれ」ということばが問題なら、「がんばる」という日本語を別の日本語にしてみてください。言い換えのひとつとして、「一生懸命やる」という表現が思い浮かぶのではないでしょうか。では、「一生懸命やる」を英語にしたらどうなるでしょう。'do your best'とか'do the best you can'という表現が思いつくのではないでしょうか。そこで、先ほどの表現と合わせて、Just saying 'do your best'（'do the best you can'）、という英語の表現ができます。

　このように、英語にしにくい日本語は、まず、日本語自体をやさしく言い換えることから始めるのが一番よい方法です。

日本特有の事物の表現の仕方
例：門松を立てる

　今回、本書の制作にあたって、モニターのかたがたから、日本独自の習慣や行事を英語で何といったらいいのかわからなかった、という感想が多く寄せられました。そこでこの点について少し考えて見ましょう。

　これは、特に、外国人に日本のことを説明しなければならないときなどに必ず出てくる問題です。そこで、このような場合にどのようにすればよいか、について少し考えてみましょう。

和英辞典を調べて、そのまま書く

例えば、「門松」を英語でどう言えばよいか、まずは、和英辞典で調べてみると次のような英文が出てきます。

・We decorated the gate with pine branches.
・We put up decorative pine trees at the gate.

確かに、これでもかなり意味はわかりますが、外国人の場合、この decorative pine trees がどのようなものか、また、どのような時に飾るのかがイメージできないでしょう。

 別なことばで説明できるように、自分で考えて言い換える

そこで、次の方法として、自分なりの説明を入れる、というやりかたが考えられます。この場合も、J1-J2、E2-E1と同じように、まずは、わかりやすい日本語でどう説明すればよいかを考えてみます。門松というのは、「お正月に門のところに飾るもの。そして、それは、竹と松からできている」という簡単な説明を付け足すことができるでしょう。

　　We put kadomatu in front of the gate of our house during the New Year season. Kadomatu is a special decoration made of bamboo and pine for New Year.

> **似たもので説明する**
> ローマ字 + , Japanese-style
> ローマ字、a kind of.../such as.../

 ローマ字 [日本の事物] + Japanese-style [英語でいえる似たもの]

上記の「門松」でも見ましたが、日本固有の事象の場合、そのまま英語に直訳できないものがよくあります。そのような時は、まず、日本語のまま、ローマ字で表記し、その後に、「日本式の」（Japanese-style）……と言うとよいでしょう。

居酒屋　I went to an izakaya, <u>a Japanese-style</u> pub, with my friends.
　草履　I usually wear zori, <u>Japanese-style</u> sandals, with a kimono.

　この場合、kimonoも日本語ですが、既に英語にもなっていますので、そのままでよいでしょう。

ローマ字[日本の事物]、a kind of [英語でいえる似たもの]

　英語での概念と似ているけれども、そのまま言ったのでは誤解を生むような場合には、日本の事象の後に、a kind of...（一種の……）を入れると説明できるでしょう。

はねつき　I played hanetsuki, <u>a kind of</u> badminton.

　もちろん、はねつきはバドミントンではありません（ネットもなければ、ルールもまったく違います）。しかし、イメージしやすいものとしては、badmintonがよいでしょう。

a Japanese way of -ing / a Japanese custom to...

　他にも、a Japanese way of -ing...（Gochisosama is a Japanese way of saying 'Thank you for the wonderful meal.'）という言い方があります。特に西洋文化にないものの場合は、a Japanese custom to...（It's a Japanese custom to say 'itadakimasu' before meals.）などの表現を使うと、日本の文化や習慣について紹介しやすくなります。

説明が長くなる場合
例：かつおのたたき

　上記の例でも、実際には、もっと詳しく説明したほうがよい、というケースがありえます。しかし、ここでは、3文日記ということなので、欲張らずに、まずは、最も大切なところのみを英語にする練習をするとよいでしょう。説明をすべて入れようとすると、複雑な文になってしまい、書くのも大変ですが、読むほうも、理解するのが大変になってきます。

　例えば、「かつおのたたきがおいしかった」という文があったとしましょう。問題は「かつおのたたき」です。「かつお」は英語でbonitoです。

「たたき」を「たたく」の動詞で直訳すると、poundです。しかし「あじのたたき」とは違って、「かつおのたたき」はたたいて調理するものではありません。切り身の表面のみが軽くあぶられています。

インターネットのサイトで"katsuo tataki"と検索すると、日本食レストランのメニューや日本文化を紹介するページで、"seared bonito"、"broiled bonito"、"lightly grilled bonito"、"brazed bonito"など、『あぶる』にもさまざまな動詞が使われています。

これらの情報をすべて入れて説明しようとすると、Katsuo-no-tataki, a kind of sashimi dish of bonito with its surface slightly seared and raw inside, was so good.（表面を少々あぶり、中は生のかつおの刺身料理の一種である「かつおのたたき」は、とてもおいしかった）という具合になってしまいます。

こんなに長い文を書くのは結構大変です。そこで、katsuo-no-tatakiというのは、さしみの中でもちょっと「特殊なもの」、ということで、まずは、次のように言えばよいでしょう。

Katsuo-no-tataki, a special kind of sashimi, was so good.
I loved it.

このように、英語に直訳できない日本独特の料理や行事は、3文日記ではローマ字で表記し、簡単な「言い換え表現」を使うとよいでしょう。もし、これ以上説明が必要なら、欄外にでも、もっと詳しい説明を付け加えましょう。そして、そんな時にインターネット検索を利用するのはよい方法です。

ちなみに、海外では日本食ブームが広がってきていますから、意外とkatsuo-no-tatakiだけでも通じるかもしれません。日本語で、英語化されている単語は、sushi、sashimi、kimonoのほかにも結構あります。

英語３文日記のすすめ　第1章

練習問題

1 次の語句をJapanese-style... というフレーズを用いて、英語で表現してみましょう。

❶ 雑炊
I had a Zousui, _____ , for lunch.
It's good, but I would have preferred a salter taste.

❷ 和太鼓
Today, I played Wadaiko, _____ .
It's very difficult for me, so I need more practice.

2 次の語句をa kind of... というフレーズを用いて、英語で表現してみましょう。

❸ いよかん
I tried Iyokan, _____ , today.
It tasted juicy, so I liked it.

❹ 花札
Today, I played Hanafuda, _____ , with my grandmother.
She was so skillful that I respected her.

❺ 年越しそば
Tonight I had Toshikoshisoba, _____ .
They say that those who have it can live long lives.
I hope I stay healthy next year.

解答

❶ a Japanese-style risotto
【訳】昼に和風リゾットといった感じの雑炊を食べた。
おいしかったけど、もっと塩味がきいてる方が好みだ。

❷ a Japanese-style drum
【訳】今日、日本のドラムである和太鼓を叩いた。
すごく難しかった。もっと練習しなくちゃ。

❸ a kind of orange
【訳】今日、いよかんというオレンジのようなものを食べてみた。
みずみずしくて、気に入った。

❹ a kind of card game
【訳】今日カードゲームの類である花札でおばあちゃんと遊んだ。
おばあちゃんはすごく上手で、すごいと思った。

❺ a Japanese custom to eat noodles on New Year's Eve
【訳】今晩、年越しそばを食べた。大晦日にそばを食べる日本の習慣だ。
年越しそばを食べると、長生きするといわれている。
来年も健康でありますように。

5 誰もが悩む文法問題－３つの処方箋

白井恭弘

　英文を書いていると、時制や冠詞、単数・複数の使い分けなどの文法的なことで悩むことがあります。ここでは、モニターの添削例から、日本人が戸惑いやすい３つのポイントについて、考え方の処方箋を紹介します。

Part 1 時の表し方

基本の時制……過去形、現在形、未来形

　日記を書く、というのはある意味では特殊なジャンルです。一日の終わりにその日の出来事を振り返って書くので、過去形が基本になります。そして、日記を書いている時点の気持ちや、今、習慣的におきていることなどを書くときに、現在形を使うことになります。

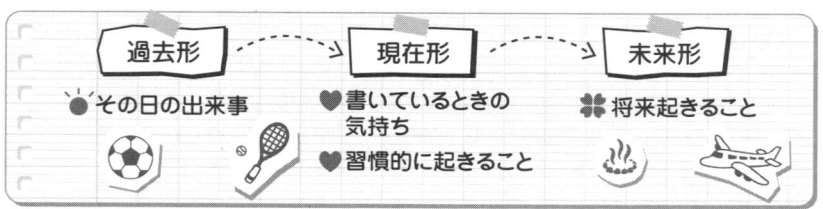

　これがまず基本の「時制」です。そして、それぞれの時制において、異なった形を使うことができます。

完了形と進行形

　まず「have + 過去分詞」の「完了」。これは、過去完了(had + 過去分詞)・現在完了(have + 過去分詞)・未来完了(will have + 過去分詞)と、それぞれの時制と組み合わせて使えます。

　次に「be + -ing」の「進行形」があります。これも同様に、過去、現在、未来と組み合わせて使うことができます。He was walking.　He is walking. He will be walking など。

　さらに、 なお、He had been walking. のように、完了と進行を組み合わせて使う場合もあります。これら「完了形」や「進行形」の意味はけっこう複雑で、ケース・バイ・ケースで意味が変わってくる場合もあるので、日記を例にとって使い方をみていきましょう。

「私は一日中年賀状を書いていた」過去進行形か単純過去形か？

Q1　「私は一日中、年賀状を書いていた」をどう表現すればいいでしょうか？　I was writing New Year's cards all day long. と進行形にするか、I wrote New Year's cards all day long. と過去形にするのでしょうか？

A1　結論からいえば、これは書き手の視点によるので、どちらでもよいでしょう。進行形は、内側からの視点、つまりその動作の中にいるその時に焦点をあてるのです。

　それに対して過去形は動作をひとつのまとまりとしてとらえ、それを（普通は）客観的事実として外側から眺めます。あるネイティブによれば、この場合、進行形にすると、「年賀状を書き終わってまだ間がない時間帯」というニュアンスが出て、過去形だと、書き終わってからしばらく時間がたったニュアンスがある、ということですが、それは、進行形がまだ動作の内側にいるような気持ちを伝え、過去形は動作の外側から、離れたところで動作をとらえるからです。

結論：単純過去形でも過去進行形でもよい。

「最近学校に泥棒が出るらしい」現在形か過去形か？

Q2 「最近、学校に泥棒が出るらしい」と書きたいのですが、泥棒が出たのは過去のことなので、過去形にするのか、一度だけではなく何度か出ているので現在形で書くべきか迷っています。

A2 このケースは具体的に見てみましょう。ここで注意したいのは、泥棒が「出る」という事実が「現在の習慣」ととらえられていることです。例えば、He runs every day. とか、I go to school by bus. とかと同じです。

　もちろんこれらは、過去にすでに走ったり、バスで学校に行ったりした事実はありますが、ここで伝えたいのは過去のことではなく、現在そのような事情が続いていて未来にも続く、ということなのです。ですから、He runs every day. が過去形にならないのと同様に、このケースでも現在形で、Recently there appears to be a thief in my school. とすればよいのです。

　これに続けて、「だからノートパソコンを家に持って帰ってきている」と書きたければ、これも同様に現在の習慣なので、So, I take my notebook computer home. となります。もしくは、一度だけ（きょうだけ）持って帰ってきたのなら、過去形で I took... とします。

　同様に、「なぜ私の周りの人ばかりが病気になるのだろうか？」も現在の習慣的事実なので、現在形で、How come only those around me get sick? とすればよいわけです。

> **結論** 現在の習慣を表す現在形を使う。

「入院した」は、今も入院してるのに、過去形でいいの？

Q3 「母が入院した」と書きたいのですが、今も入院しているので、過去形にすべきか現在完了形にすべきか迷っています。

まず、ここでは前後の流れを考える必要があります。3文の日記といえども、文脈というものがあり、動詞の形も文脈の中で自然なものでなければならないのです。

① My mother **complained** of pain in the pit of her stomach.
② She **looked** as if she was having difficulty in breathing.
③ I **consulted** with her regular doctor, and she **was** taken to a larger hospital in an ambulance and **was** hospitalized.

　このように、全体を過去形で過去の事実として描写しています。ですから、ことさら理由がなければ、過去形で統一するほうがいいのです。
　さらに、be hospitalizedという表現は、状態変化を表すことができるので、was hospitalizedで「入院した」という意味になります。is hospitalizedは、「現在入院中である」という意味ではあまり使いません。
　ただし、このあたりはノン・ネイティブの場合、直感がはたらきません。そこで役に立つのがインターネット。http://www.google.co.jp で、"she is hospitalized"、"she's hospitalized"、"she was hospitalized" を検索してみました（quotation markで囲むのがポイント。そうすれば、そのものズバリのものだけがヒットします）。
　すると、"she is hospitalized" 1,300件、"she's hospitalized" 173件、"she was hospitalized" 16,200件と圧倒的に過去形が多く、しかも現在形のほうはほとんどが、while...、when... などの従属節で使われていて、主節で「今入院している」という意味ではあまり使われないようです。

「入院した」はwas hospitalizedでよい。語法で迷ったら、googleで検索

天気予報が言ったことはsays? それともsaid?

Q4 「天気予報では明日から暖かくなると言っていたので、明日から年末の家中の大掃除をする予定だ」と書きたい場合、天気予報がその予報をしたのは過去ですが、明日からのことを言っているのでsaysのほうがいいのでしょうか。

A4 これも書き手の判断によって、過去形か現在形かが決まります。
　この場合は、現在形saysを使うのが普通です。というのは、この文全体が未来志向で、未来の予定の重要な原因になっているのが天気予報が言ったことで、その効力は日記を書いている時点でも続いているからです。

- I'm planning to clean the whole house at the end of the year from tomorrow to the day after tomorrow because the weather report **says** it will be warm from tomorrow.

　一方、これが「今朝、天気予報は雨だと言っていたが、雨は降らなかった」ならどうでしょう。この場合には、The weather report said it would rain today, but it did not. のように過去形を使います。つまり、もう天気予報は外れており、その効力はまったくなくなっているからです。ここではsaysは普通使いません。
　また、未来のことでも、常にsaysを使うわけではありません。たとえば、「明日は雨が降ると天気予報で言っていたが、そんなことはどうでもいい」だったらどうでしょう。The weather report says it will rain tomorrow, but that does not matter to me. と現在形でも言えますし、The weather report said it would rain tomorrow, but... としてもよいのです。
　これは、書き手が天気予報の効力をある程度問題にしていれば現在形になり、ただ単なる事実として述べているのならば、過去形になります。このように、書き手の判断次第の場合も多いわけです。

天気予報は、現在・未来への効力のある場合はsays、そうでない場合はsaid

天気予報を書く時の時制の一致は？

　英語では基本的には時制の一致を守っておいたほうが無難。特に日記の場合は書き言葉なので、なおさら守っておくほうがよい。

　googleで、"weather report said it would" と "weather report said it will" を検索してみたら、前者は75件、後者は10件であった。しかも、10件のうちには、ノン・ネイティブが書いたと思われるようなものも多く見られた。

　「時制の一致の例外」というのは、that節の中が不変の真理（He said that the sun sets in the west.）や、現在の習慣（He said that he gets up at six.）のときにはあり得るが、天気予報ではまずない。なお、参考までに、"He said he will" と "He said he would" をgoogleの「検索オプション」で、ドメインをイギリス（.uk）に絞って調べた（こうすると、ノン・ネイティブの書いたものが入ってしまう可能性を下げられる）。すると前者は894件、後者は12,700件だった。このことからも、時制の一致は守っておけばよいことがわかるだろう。

　もちろん、一般論としては、現在の習慣や事実になっていることがthat節の中の内容であれば、時制の一致をはずしてよいことが多い。例えば「英語を勉強していると、彼女が言った」という場合、今でも勉強しているときには、She told me she is studying English. とすることもできる。

天気予報の時は時制の一致は守っておけばよい。

時間のずれがある場合、過去完了形を使わなければならないか？

Q5 「5時に約束があった。交番の地図でお客さんの家を調べたけれども、道に迷ってしまった」と書きたいのですが、「調べた」のは、「道に迷った」よりも時間的に先のことになります。過去完了形か過去形、どちらにするのがいいのでしょうか？

A5 　ある出来事を語る場合、最も基本的なやり方は、「ものごとが起きた順序通りに語る」ことです。これは人間の認知プロセスと一致するので、世界のどの言語においても語りの基本的原則になっています。日記の場合でも、できるだけこの通りに書いておけば読みやすいものができます。もちろん、この原則を外れる場合には、ある程度、文法的にそのことを明らかにする必要が出てきます。その役割をになうのが、完了形や進行形です。
　この原則にてらして日記を検討してみましょう。

<原文>
- ① I had an appointment at 5:00 p.m.
- ② Still, I lost my way although I had looked up my customer's house on a map at a police station, so that I was late for that time about 30 minutes.
- ③ Fortunately, she didn't mind it.

　5時に約束があった、というのは背景情報なので、出来事は2番目の文からです。日記の書き手は、lost my way よりも look up のほうが前のことなので、had looked up としています。ネイティブの添削者は、原文の順序を尊重して以下のように添削しています。

<添削後>
- ② Still, I lost my way even though I checked a map at a police station, so I was 30 minutes late. Fortunately, she didn't mind.

ここで注意すべきは、I checked a mapと単純過去形になっていることです。従位節の動詞のほうが主節の動詞より時間的に前でも、必ずしも過去完了形を使わなくてもよいのです。ここでは文脈から、どちらが前に起こった出来事かは明らかだからです（もちろん、過去完了形［I had checked］を使って、前後関係を明らかにしてもかまいません）。

　起きた順番は、

looked up → lost my way → I was late → she didn't mind

となるので、この順序で書けばさらに理解しやすい文ができます。

- Even though I checked a map at a police station, I lost my way, so I was 30 minutes late. Fortunately, she didn't mind.

　had checkedと過去完了形を使わなくても前後関係ははっきりわかりますが、過去完了形を使うと「……しておいた」というようなニュアンスが伝わります。

結論　過去完了形は時間のズレがあるからといって、必ず使わなければいけないわけではない。使うのは時間の前後関係を明らかにする必要がある場合や、「……しておいた」というニュアンスを表したい場合など。

> The New Year has come! となるのに、The exam started today. となるのはなぜ？

Q6　1月1日の The New Year has come! は訂正されませんでしたが、1月8日の The new semester of my son's elementary school has begun today. は started に訂正されました。どういう場合に現在完了形もしくは過去形にするのか、使い分けがわかりません。

A6 現在完了形と過去形のどちらかを使うかは頭の痛い問題です。これはどちらでもいい場合が多いからです。現在完了は、「完了」（I have just eaten.）、「結果」（He has arrived.）、「継続」（I have lived here for ten years）、「経験」（I have been to Hong Kong once.）などの意味を表します。

このうち、「継続」を除いては、どれも過去形でいっても差し支えありません。よく言われているように、現在完了は過去の出来事が現在の状況になんらかの関わりがあることを示す形式です。特に「継続」は現在も続いていることを表すので、それを過去形でI lived here for ten years. と言ってしまうと、やや突き放した感じで、もう引っ越すようなニュアンスが出てくるため、「継続」の現在完了形とは意味が違ってくるのでしょう。

その他の「完了」「結果」「経験」の3用法はどれも書き手の視点次第です。状況に応じて、現在にそれが強い影響を持っていると伝えたければ現在完了形、そうではなく過去の事実としてとらえるのであれば、過去形を使えばよいのです。「経験」を表す用法については、香港に「行ったことがある」と現在までの経験として伝えたい場合には、現在完了を使いますが、単なる過去の事実として伝えるなら過去形にします。

わかりやすい例をあげましょう。パーティ会場で彼を待っていて、彼が着いたことを伝えるのに、He arrived. と、He has arrived.のふたつの言い方があります。彼がまだパーティ会場にいるのであれば、どちらを使ってもよいのです。事実を伝えるだけなら過去形、来て、そこにいるよ、というようなニュアンスを伝えるのなら、現在完了形になります。ところが、彼が用事を思い出してすぐ帰ってしまったのなら、He arrived. としかいえなくなります。He has arrived. というと、彼がそこに来て、そこにいる現在の状態を表すからです。

さて、日記の場合は基本的にはその日の出来事を客観的に描写するので、原則として過去形になります。だから、今でも続いている

ことでも、過去形にしておけば、普通は問題ありません。

現在完了の時制はあくまで現在形なのです。The New Year has come! は、新年がきて、その結果、新年三が日という楽しい時期を過ごすという「現在の気持ち」に重点が置かれているので、現在完了になっているのです。The New Year came. と過去形でもいえますが、それは過去の事実を淡々と述べている、ということです。

「子供の学校の新学期が始まった」は、「それでもう忙しくて大変だ」といった気持ちを友達に伝えるには、現在完了形でもかまいません。しかし、この日記の場合はその前後が過去形で、全体的にレポート調なので、そこだけ現在完了形にすると違和感が出てきます。この部分を添削したネイティブは「全体の文脈、流れで判断して訂正した」と言っていますが、まさにそのとおりです。

結論　日記では出来事は過去形でレポートする。現在の気持ち、状況に重点が置かれる場合のみ、現在完了形を使う。

未来を表す表現は、どう使い分ければよいか？

Q7　「明日は、大阪出張で10:00からミーティングだ。5:00に起きて、7:00の新幹線に乗らなければならない。プレゼンがうまくいくといいけど」のように、翌日の予定や期待などを書くとき、I'll...、I'm going to...、I'm ...ing、I'm supposed to...などの言い方があると思いますが、どういうふうに使い分ければいいですか？　あるいは、明日そうすることが確定しているので、現在形でいいのでしょうか？

A7　未来を表す言い方は、英語にはたくさんあります。学校英語では未来時制＝willという対応を教わりますが、実は英語の時制は、過去と非過去しかありません。

その点では日本語も同じです。未来のことは、日本語でも「……しなければならない（義務）」、「……するつもりだ（意志）」、「……

だろう（推測）」、「……したい（希望）」、「……することになっている（予定）」など、さまざまな形で表現されます。英語も同様で、義務（must...、have to...）、意志（be going to...、intend to...）、推測（will...）、希望（want to...、would like to...）、予定（be supposed to...）など、意味に応じて使い分ければいいのです。では、ネイティブ・スピーカーの書いた英文の例で見てみましょう。

① I'm going on a business trip to Osaka for a meeting tomorrow at 10 a.m.
② I have to get up at 5 a.m. and get on the train at 7 a.m.
③ I hope the presentation will go OK.

　willの用法ですが、まず押さえておきたいのは、主語が一人称の場合、たとえば、I *will* survive.、I *will* be there tomorrow. のように「主語の意志」（……するつもり）の意味で使われることが最も多いのです。実はこの「一人称の意志」の意味がwillのさまざまな用法（意志・推測・未来など）の中では一番歴史が古く、基本的な意味といってもいいのです。

　「推測」の意味（……だろう）はあとから発展したものです。特に話し手が自分でコントロールできないことについては、意志の意味は使えないので、推測の意味になります。よって主語が三人称の場合は普通推測の意味になります（He *will* come to the party.）。同様に、主語が一人称でも、I *will* be criticized by my colleagues. のように、自分でコントロールできないことは、普通「推測」の意味になります。

　①の文は、ここでも I will go on a business trip と言えないこともありませんが、一人称＋willにすると意志が全面に出ることになるので、やや大げさな感じがします。それよりも「近い未来の確実な出来事」を表す「進行形（be + -ing）」を使うほうが適しているので、nativeも *I'm going* on a business trip. としています。これなら意志が全面に出ないし、進行形なので、いきいきとしたニュアンスが伝わ

ります。

なお、未来の確実な計画・予定は現在形でも表すことができますが（例：I leave on Sunday.）、これは実際にはそれほど使われないので、日記ではあまり使わないほうが無難でしょう。日本語では、「明日、東京に行きます」のように未来のことをいうのに現在形を使います。これにつられて使い過ぎないように注意しましょう。

ただし、If (When) he *comes*, I will tell him. のように、時や条件を表す副詞節の中では未来のことでも現在形を使います。

「be going to + 動詞」も、進行形の未来を表す用法とともに、日記ではよく使える表現です。意志の意味でも、推測の意味でも使えますが、意志の意味のほうがよく使われます。確実性は、be going to... よりも、未来を表す進行形のほうがやや高くなります。これは進行形だと、すでにその動作が始まっているようなニュアンスが出るからでしょう。例えば、I'm leaving tomorrow. のほうが、I'm going to leave tomorrow. よりも高い確実性を表すわけです。

また、be going to を使うと意志性が全面に出るので、推測や、単なる未来を表すときには、will のほうがよく使われます。

未来を表すのによく使われる形とその機能をまとめると

- **❶ 現在形** ……………… 近い未来の確実な予定（planned future）を表す。日記ではあまり使わないほうが無難。
- **❷ 現在進行形** ……… 近い未来の確実な予定を表す。意志性は強くないが、確実性は高い。
- **❸ be going to** …… 近い未来の意志が主な意味。推測にも使える。
- **❹ will** ……………… 一人称では主として意志、三人称では推測。単純な未来にも使える。

②の文は「……しなければならない」の have to を使います。must との違いですが、have to は、どちらかというと、外的な状況のた

めに（いやいやながらも）そうしなければならないことを表すのに対して、mustは、倫理的な理由により、何かしなければならない場合に使います。

例えば、用事があるので仕方なく行かなければならない場合には、I have to go. となり、自分が信じるもののために、強い信念を持って行く場合（例えば、地球を救うために恋人の制止を振り切って行く）にはI must go. を使います。消極的なhave to、積極的なmustと言ってもいいでしょう。

③の文は、I hopeに続くthat節の中の動詞の形に注意してください。未来のことならwillを用いればよいでしょう。「プレゼンがうまくいく（であろう）ことを望む」という日本語では現在形でいいのですが、前述したように、英語では未来のことは現在形では普通言いません。またI hopeのあとは、自分でコントロールできないこと（だからhopeを使っている）なので、意志の意味ではなく、推測の意味のwillを使っておけばいいのです。be going toも使えないこともないのですが、頻度は低いようです。ドメイン.ukとしてイギリスに絞ってgoogleで検索したところ、I hope he willが3,240、I hope he's going toが33、I hope he is going toが38で、圧倒的にwillが優勢でした。

ただし、hopeが来たらいつでも未来を表す形式を使うというわけではなく、I hope you know this by now. のように、意味によっては現在を使うこともあるので注意しましょう。

結論　近い未来の確実な予定を表すときには、現在進行形を使う。この場合、意志性は強くないが、確実性は高い。

あいまいな気持ちを英語で表現するには？

Q8 「最近、いい天気が続いて、すっかり春らしくなった。週末に、梅見にでも行こうかな」のようなケースで、「行こうかな」はどのように

A8 表すことができるでしょうか？
ネイティブの添削後は下記のような文になっています。

We've been having nice weather these days and I can feel spring is really here. *I am hoping* to have a plum blossom viewing this weekend.

　「行こうかな」というのは、なかなか英訳しにくい表現ですが、言い換えれば、「梅を見に行きたい」という程度のことで、I hope to have a plum blossom viewing. とすればいいのです。ここで、I'm hoping と進行形になっているのは、未来を表す進行形ではなく、hope が状態を表す動詞なので、tentative（暫定的、一時的）なことを表すために進行形にされているのです。そうすることで、「……かな」というニュアンスがうまく伝わります。
　know や belong などの状態を表す動詞（状態動詞）は普通、進行形にならない（I am knowing him. とか、I am belonging to a tennis club. は誤り）のですが、進行形になるのは、次のような場合です。
　例えば、I live in Tokyo. と I am living in Tokyo. では、進行形のほうが tentative（暫定的、一時的）な感じがして、そのうち引っ越すというニュアンスが出ます。同様に、I think I want to buy a new car. よりも、I'm thinking I want to buy a new car. のほうが、tentative（不確か）な気持ちを表します。
　ここも I hope... というよりも、I am hoping... とすることによって、まあ、「行くか行かないかわからないけど……」くらいの tentative な気持ちを表しているのです。

結論 状態を表す動詞の進行形で、I am hoping...（……できたらいいな）のように、不確かな、一時的な気持ちを表現できる。

Part 2 冠詞、単数・複数

　冠詞・単数／複数は、私たち日本人にとっては頭の痛い問題です。まず日本語には冠詞がありません。さらに、冠詞をつけるかつけないかの判断に重要となる、名詞の可算性（数えられるかどうか）という概念が日本語にはないからです。日本語では、数えられる名詞であろうがなかろうが、ひとつだろうが3つだろうが、常に名詞の形は同じです。たとえば日本語では「情報」という名詞が数えられるかどうかは、考える必要はありません。ところが英語を書く、話すうえでは、information という単語が数えられるかどうかは非常に重要です。英語話者は子供のころから、この可算性という概念を身につけ、どの単語が可算かそうでないか、また可算の時と不可算の時ではどう意味が違うかを、自動的に使いこなせるのです。

　日本人であれば、迷うことがあるのは当然で、そこをいかに切り抜けていくかが大事です。

the か a か迷う時にはどうすればいい？

Q1　「自習グループの2003年最後のセッション」と書きたいときに、last self-study session が、a last か、the last か迷いました。

A1　ここでは、所有格の my を使えばいいのです。そうすれば、the か a かの判断をする必要もなくなります。これは一見邪道のような感じもしますが、かならずしもそうではありません。

　英語は、名詞の所有者が誰であるかをはっきり表す言語です。たとえば「手をあげてください」を、ドイツ語では Please raise the hand. にあたる表現を使いますが、英語では Please raise your hand. と、誰の手かということを、わかり切っていてもはっきりさせます。

　だから、日本人からすれば、「誰の」ということを言わないようなところで、英語では言う場合が多いのです。

　このように代名詞の所有格をつければ、a も the もつけないですむので、迷った時にこの手で切り抜けることができます。また、質問

の文は日記の最初の文なので、the をつけると唐突な感じがしますし、a だと、それ以外にも study session があるような感じが出てしまうので、ここはどちらにしろ my（もしくは our）がいいでしょう。

> **結論** a か the かで迷ったら、代名詞の所有格というオプションも検討してみるとよい。

go to school や go to church には常に冠詞をつけない？

Q2 church は school と同様、冠詞をつけないと、以前学びました。ところが、第一回目の日記で、went to church が went to a church と添削されていました。冠詞は必要なのでしょうか？

A2 church や school は、本来もつ機能である「祈る、学ぶ」にポイントを置いて使われることが多いので、通常、上記のような場合には冠詞をつけません。ですから、学生が勉強しに学校に行く場合や、信者が教会にお祈りに行く場合は the がつきませんが、「建物」という側面が強調される場合には冠詞がつく、とよく言われます。

では、「誰かを迎えに学校に行く」場合はどうでしょうか。おそらく冠詞がつくと予想されます。これを google で確かめてみました。ところが、"went to the school to pick him up" が3件、"went to school to pick him up" が10件でした。先生が学校に行く場合はどうでしょうか。これも google によると、went to school と、went to the school と半々です。どうも、go to school というのがかなり頻繁な collocation なので、勉強に行くという本来の目的以外でも、使えるようになっているようです。ただ、建物に重点が置かれる場合は冠詞がつく、という原則は覚えておきましょう。

> **結論** 建物に重点が置かれる場合は、
> go to church/school に冠詞がつく場合が多い。

a good news?、the good news? それとも good news?

Q3 「きょうはいいニュースがあった」と言いたいときには、a good news、the good news、それとも good news でしょうか?

....

A3　I had (　) good news today. という文で書けばよいことはわかりますが、a good news、the good news、それとも冠詞をつけないで good news とするのかは、迷うところです。

　まず、この文は日記の始めですから、すでに読み手がどのニュースを指すのか知っていることはありえないので、the good news はないだろう、と思われます。そうすると、a good news か、good news になります。

　ここで、news は、数えられる名詞かそうでないかを思い出せればいいのですが、もし、そうでない場合はどうすればいいでしょうか。まず、辞書を引くことが考えられます。さらに、google で調べることもできますので、ここではそちらを使って調べてみましょう。

　I had good news. で 738 件。一方、I had a good news. で 31 件、しかもその多くは、I had a good news story. のように、news そのものに冠詞がついているわけではありません。よって I had good news today. か I had a good news today. かで調べると、25 対 1 になります。そのため I had good news. としておけばよいことがわかります（なお、news は数えられない名詞で、数える場合は a piece of good news とします）。

　ちなみに、「よい知らせをありがとう」の場合は Thank you for the good news. といいます。この場合は相手が知らせてくれたわけですから、共有知識になっているので、the をつけるわけです。

> **結論**:「きょうはよいニュースがあった」は、
> I had good news today. という。

「図書館に行った」は went to a library？ それとも went to the library？

Q4 In the afternoon I went to a library after a long time. と文を始めたのですが、In the afternoon I went to the library after not going for a long time. と添削されています。なぜ、初めて出てきた単語なのに、the library とするのでしょうか。

A4 　実はこの the は、一般の the なのです。学校英語では The lion is a carnivore.（ライオンは肉食動物だ）といったような例文で学ぶのですが、その一種です。ライオンの特質はどれも同じで、それらを代表して、the lion という表現を使うのが、一般を表す the の用法です。

　同様に、図書館、スーパー、病院、郵便局などにも、この一般の the を使うことが多いのです。例えば、「昨日母が入院した」は My mother was admitted to the hospital yesterday. と言えます。

　もちろん例外もあります。どれをとっても同じ「図書館」の特徴を代表して the library というわけですから、そうではなくて、特定の図書館が問題となる場合には、the ではなく、a を使ってもよいのです。My mother was admitted to a hospital in Kyoto. とか、I bought some postage stamps at a post office near the Shinjuku Station. などは、具体的に特定のものについて話しているので、a を使います。ただ、このような場合でも the を使うことはできます。その場合の the は一般の the になります。（もちろん、その図書館がすでに話題にのぼっていれば the library というわけです）

> **結論** 普通は図書館一般を指して went to the library とするが、特定の図書館を指す場合は went to a library とすることも多い。

> 「きょうは成人の日という国民の祝日だった」の「国民の祝日」は a national holiday？ それとも the national holiday？

Q5 Today was the national holiday called Coming-of-Age Day と日記を始めましたが、添削の結果、a national holiday となっていました。the としたのは、限定するものがあるので the が使われると思ったからです。なぜ、a を使うのでしょうか？

....

A5 よく、関係節で修飾されている名詞には the をつける、と学校の授業で教えられます。しかし、その際でも、いくつかある中のひとつ、という場合は、a を使ってよいのです。google で調べてみると、"the book which" 319,000 件、a book which で、240,000 件とさほど変わりません。This is a book which will change you. のように、「あなたを変える本」がたくさんあって、そのうちのひとつを指すなら a でよいわけです。これを This is the book which will change you とすると、「あなたを変える、まさにその一冊」という意味になります。

　a を使うか the を使うかを決定するのは、限定するものがあるかないか、ではなく、他にいくつもあるうちのひとつかどうか、ということになります。このように、まず限定された名詞はいつも the がつく、という考えは捨てなければなりません。

　さて、Q5 では、さらに事情が複雑です。まず、ここで言いたいのは、「きょうは祝日だった」ということです。national holiday は他にもたくさんあるわけですから、そのことを言うには、Today was a national holiday. でいいわけです。そして、called Coming-of-Age Day. のようにあとから付け加えて、その名前を言えばいいのです。もっと単純な例で考えると、「きょう、恵子という名前の女性に出会った」が、Today I met a woman named Keiko. とか、I met a woman whose name is Keiko. となることはわかるでしょう。これも、まずある女性にあった、という事実を述べ、付加的情報として、名前をいうわけですから、a を使うのです。

ちなみに、Today was a Coming-of-Age Day. とすると、成人の日がいくつもあって、そのうちのひとつという意味になってしまいます。これはComing-of-Age-Dayを固有名詞ととらえて、Today was Coming-of-Age Day. と無冠詞でよいのです。

結論　「……という国民の祝日」は a national holiday called... となる。

コラム

注意したい接続詞 and、but、because

1) but、and はあまり文頭にこない。

　これらは実際には文頭にくることもあるのですが、文体的には「よくない」ものとされていて、英語のネイティブ・スピーカー対象の作文のクラスでは、使わないように教えています。特に日本語では、「しかし、……」「そして、……」と、文頭に使うことが多いので、その影響で多用しがちです。とりあえず避けておくのが無難です。

2) however は文頭で使える。

　butのかわりに、やや固い表現になりますが、howeverなら、文頭で使えます。またhoweverは、文中、文の最後でも使えます。例えば、There is, however, no easy solution to this problem. は文中の例ですが、文頭、文の最後にもっていくこともできます。

3) because は単独では使わない。

　会話では、"Why did you leave early?" "Because I had a meeting." などと単独でも使いますが、because節は従位接続詞なので、ライティングでは、単独で使いません。なお、because節は文頭に置くことも可能ですが、使用頻度としては、I left early because I had a meeting. のように、主節のあとに理由を付け加えるように使うことが多いようです。

Part 3 文をつなぐ方法

1 文をつなぐために知っておきたい文法事項

　主語と述語動詞がひとつずつの単文だけで日記を書いてもよいのですが、そうすると複雑な概念は伝えにくくなります。さまざまな複雑な概念をコンパクトに伝えるためには、接続詞、関係詞、分詞構文などが使えます。ここではこれらの使い方のうち、添削の対象になった点を中心に解説していきます。

　まず、最初に復習をかねて、接続詞、関係詞、分詞構文の説明を簡単にしていきます。

(1) 接続詞

　接続詞にはふたつの文を対等につなぐ等位接続詞と、片方が主文となる従位（従属）接続詞があります。

A. ふたつの文を対等につなぐ……等位接続詞

　よく使われる等位接続詞には、and、but、so、forなどがあります。

[例]

- **and**（そして）：The summer clothes were half-price, **and** luckily I found the dress I had wanted.
  夏の衣類は半額になっていて、そして運よく私は以前からほしかった服を見つけた。

- **but**（しかし）：I got a traditional New Year's money gift, **but** this is the last time because I am an adult now.
  お年玉をもらった。しかし、さすがに大人になったので今回で最後だ。

- **so**（だから）：I cleaned my shelf, my PC, the window and the floor, **so** my room is very neat and tidy.
  棚やパソコン、窓や床を掃除した。それで部屋がとてもきれいに快適になった。

- **for**（というのは）：They could not go to the party, **for** they had no babysitter.
  彼らはパーティへ行くことができなかった。というのはベビーシッターがいなかったからだ。

B. 中心になる文と、それを修飾したり補足したりする文をつなぐ……従位接続詞

◆副詞節

　従位接続詞は、主節(文の中心になる主語と述語動詞がある語のまとまり)を修飾する副詞節を導くものが大多数で、after、as、because、if、since、(al)though、while、when などがあります。
[例] [ ] が主節、〈 〉が副詞節

- **because**（……なので）：[I have not stopped by such a place since changing my job]〈**because** I have had no free time〉.
  転職をして以来、自由時間がなかったので、こういう場所に立ち寄ることはなかった。

- **if**（もし……なら）：She's the best person that I know for this position, so [I asked her]〈**if** she's interested〉.
  彼女は、私が知っているなかでこの仕事に最適の人間なので、興味があるかどうか彼女に尋ねてみた。

- **since**（……なので、……以来）：[It has been more than a year]〈**since** he went back to his hometown〉.
  彼が故郷に戻ってから1年以上がたつ。

- **(al)though**（……にも関わらず）：[I like to get many cards],〈**although** writing them is very troublesome〉.
  年賀状を書くのは大変だけれども、年賀状をたくさんもらいたい。

- **when**（……とき）：〈**When** I saw her last month〉, [she said she didn't know how to change the situation, and almost gave up].
  先月、彼女に会ったとき、彼女は状況をどうやって変えたらいいのかわからない、ほとんどあきらめた、といっていた。

- **while**（……間に）：[My husband looked after Mizuki]〈**while** I worked〉.
  私が仕事をしている間、夫はミズキの世話をしてくれた。

- **after**（……のあとに）：[I felt better]〈**after** I took some medicine and drank some herb tea that I bought at Starbucks〉.
  薬と、スターバックスで買ったハーブティを飲んだ後によくなった。

◆名詞節
　主語になったり、目的語になったりする名詞節を導く接続詞には、whether、if、that があります。
[例]
- **whether**（……かどうか）：Anyway, it's nice to be here, but［I'm a little worried about］〈**whether** I will be able to graduate next March〉.
  どちらにしても、ここにいるのは快適だ。でも、来年の3月に卒業できるかどうか、ちょっぴり心配だ。
- **if**（……かどうか）：［I wonder］〈**if** he will come〉.
  （私は）彼は来るだろうか（と思った）。
- **that**（……ということ）：［I thought］〈**that** I would have a hangover〉, but I was fine.
  私は二日酔いになるだろうと思ったけれども平気だった。

◆程度を表す節
　程度を表す節をつくる接続詞には as や than があります。
[例]
- **as...**（……と同じくらい）：［I have not accomplished half as much work］〈**as** I had expected.〉
  期待していた仕事の半分しかできていない。
- **than...**（……よりも）：［I would rather be happy］〈**than** have lots of money.〉
  お金がたくさんあるよりも、むしろ幸福でありたい。

(2) 関係詞

　関係詞には、関係代名詞と関係副詞があります。使いすぎは禁物。関係節の長さにもよりますが、日記であれば、3文のうち、1文か2文くらいにとどめておいたほうがよいでしょう。関係節は言語処理上の負担が大きいので、多用すると固い文章になってしまいます。

◆関係代名詞

関係代名詞は、次のように、代名詞であると同時に、接続詞の役割もはたします。

I know a professor of law <u>and he</u> knows a lot about economics.
= I know a professor of law <u>who</u> knows a lot about economics.

I know a professor of law.（私は法律学の先生を知っている）and he knows a lot about economics.（そして彼は、経済学にも詳しい）という文を、関係代名詞でつなげば、and he という「接続詞＋代名詞」の部分が who という関係代名詞で置き換えられます。

and や but の多用は単調な文章になりがちなので、ときどき関係詞を使って、しまった文体の文を作ることも考えてみましょう。

[その他の例]

- **which**： The shoes **which** I wanted were half-price.
  私のほしかった靴が半額になっていた。
- **whom**： I got an e-mail from a Korean businessman **who(m)** I met on business last month.
  先月仕事で会った韓国のビジネスマンから 1 通の e-mail をもらった。
- **that**： I think he is the last person **that** agrees to the proposal.
  彼はその提案に最後まで反対する人だと思う。

◆関係副詞

関係副詞は、副詞であると同時に、接続詞の役割もはたします。

[例]

- **when**： I like the moment **when** I feel that a relationship with others is getting deeper and stronger.
  他人との関係が深く強くなっていくのを感じる瞬間が好きだ。
- **where**： At night, the juku (cramming school) **where** I work held a Christmas party for the students.
  夜、私が働いている塾で、生徒のためにクリスマス・パーティーを開いた。

- **how**： It is **how** Gubi expresses her pleasure.
  それがグビ〈犬の名前〉が喜びを表す仕草なのだ。
- **why**： I didn't know **why** she burst into tears then.
  私はなぜ、彼女がそのときわっと泣きだしたかわからなかった。

◆関係詞の制限用法と非制限用法

　修飾する名詞または代名詞［先行詞といいます］のあとから、,which、,whenのように、コンマ＋関係代名詞、関係副詞を入れて、情報を追加するのか非制限用法です。「そして、それは」とか「そして、そのとき」「そして、そこで」などの意味を表します。

[例]
- We played a baseball game, **which (=and it)** was the last game this year.　私たちは野球をしたが、それが今年最後の試合だった。
- After that, we went to a family restaurant, **where (=and there)** we discussed the matter till 11:00 in the evening.
  そのあと、私たちはファミリーレストランへ行って、そこで夜の11時まで、その件について議論した。

(3) 分詞構文

　分詞構文は理由、時、条件、譲歩、付帯状況など、さまざまな意味を表しますが、実際にはそれほど使われません。特に、Walking along the street, I ran into a friend of mine.（道を歩いていると、友だちのひとりにバッタリ出会った）など、分詞構文が主節の前に来るものは、文学的な響きがするので、日常的にはあまり使われません。

　比較的使われるのが、後置の分詞構文です。分詞構文を主文のあとに付け足して、「……しながら」と、付帯的に情報を付け足します。

　例えば、I walked around the town, *looking* for a job.（私は仕事を探して町を歩き回った）。このような、主節のあとに置かれる分詞構文は頻繁に使われるのでマスターしたいものです。

[例]
- I stayed home all day, **cleaning, watching** TV, and **playing** with my son.
  掃除をしたり、テレビを見たり、息子と遊んだりしながら、一日中家にいた。
- I tried to respect the rhythm of the story, wishing that children would enjoy it.
  子供たちが楽しんでくれるように願って、物語のリズムを尊重するように話してみた。

　機能的には、分詞構文のほうが、接続詞を用いるよりも、曖昧さを残すことができます。が「……のとき、……なので、……しながら」など、さまざまな意味を表すことができるのは、つながりをはっきりと言い表さずに、分詞構文と主節の関係にまかせて解釈できるからです。そして、意味をはっきりさせたい場合には、分詞構文にわざわざ接続詞をつけることもあります。

[例]
You can listen to music **while jogging**.
ジョギングしながら音楽を聞いてもよい。

1 文をつなぐことばについての質問と回答

　以下、日記を書く上で注意すべき接続詞や関係詞、分詞構文の使い方を見ていきましょう。

「……したら」はいつも if でいいの？

Q1 「郵便局に行ったら、彼に会った」と書きたかったのですが、「……したら」の表現方法がわかりませんでした。「……したら」は、どのように書くのですか？

A1 「……したら＝if」というつながりがすぐ頭に浮かびますが、英語のifは日本語の「……したら」よりも範囲が狭くなります。ifは仮

定を表すので、普通、まだ起きていないことや、起こりそうもないことに限って使われます。一方、日本語の「……したら」は、すでに起きたことやわかっていることにも使えますが、英語では、この場合は when を使います。

　さらに、まだ起きていないことでも、確実に起きると思われることにも when を使います。つまり if は実現するかどうかわからない場合、when は（ほぼ）わかっている場合に使うのです。

a)（もし）彼が来たら話すつもりだ。(If he comes, I will tell him.)
　→来るかどうかわからない場合

b) 彼がきたら話すつもりだ。(When he comes, I will tell him.)
　→来ることが確実な場合

c) 彼が来たら、みんな帰った。(When he came, everybody left.)
　→すでに来た場合

ここでは、When I went to the post office, I ran into him. と言えばいいわけです。

> **結論**　「……したら」が if で言えるのは、そのことが起こるかどうかわからない場合のみ。それ以外は when を使う。

so that... can と so... の意味の違いは？

Q2 以下の文を書きましたが、接続詞の使い方に自信がありません。
For a year and a half month I have been too busy with my business, so that I couldn't take my son out anywhere, and then I want to spend every Sunday with him from now on.

A2　それぞれ何が問題か見てみましょう。まず、so that ... can ～ というのは「……が～できるように」という意味です。このままだと、「子供をどこにも連れていけないように」という目的のために一年半を忙しく過ごしていた、という変な意味になってしまいます。so that ... cannot〜 は、She blindfolded me *so that* I *couldn't* see anything.（彼女は私が何も見えないように私に目隠しをした）のように使うのです。

そのため、上記の日記の文では、単純な因果関係を表すso...を使ったほうがよいでしょう。なお、soがcasualすぎないか、という質問もありましたが、日記というのは比較的casualなので、日記ではまったく問題ありません。これが例えば論文なら、soはあまり使わずに、thereforeやconsequentlyを使います。

次のand then の後には普通、動作を示す文が続くはずなので、I want to spend time...のような感情を表す表現とともに使うのは不自然です。ここは逆接のbut, howeverでつないで、「いままではできなかった。でもこれからは……したい」とすればいいでしょう。

添削後の文

For a year and a half, I have been too busy with my business, **so** I couldn't take my son out anywhere. However, now I want to spend every Sunday with him.

> **結論** so that... can〜 は、「…が〜できるように」と目的を表すが、so... は「〜だから……」と因果関係を表す。

「……しながら」の言い方は？

Q3 「グビ（犬の名前）は、嬉しそうに（喜びながら）家の中を走り回った」と一文で書きたかったのですが、「……しながら」の書き方がわかりません。

A3 まず、ここでは主文の「グビは家の中を走り回った」をGubi ran here and there about her houseと書いて、「……しながら」は、付帯状況を表す分詞構文を使って、そのあとにつけたします。ここは、

「喜びを表しながら」 showing her pleasure という表現がしっくりきます。

添削後の文

Gubi ran here and there about her house, **showing her pleasure**.

> **結論** 「……しながら〜する」とふたつの動作が同時に並行して行われるのを表すときは、付帯状況を表す分詞を使うとよい。

コンマはどこで使えばいいの？

Q4 どこにコンマを打てばいいのか、コンマの使い方がいまいちよくわかりません。

A4 試しに、以下の文にコンマを入れてみましょう。

① In the morning I spent my time writing scores of New Year's cards but I should write at the end of the year no matter how busy I am.
② Today I intended to write some New Year's resolutions on a piece of paper but I couldn't.
③ In the evening I called my sister living in Tokyo after a long time.

　　コンマは多くの場合、意味的に大きく区切れるところにつけます。例えば、
- 副詞節 when... / if... などといった、従属節と主節の間
- 挿入句（節）の前後
- 関係詞の非制限用法である ,which... や、,when... など
- 語句を列挙する場合（red, white, and blue）など
- 日付、同格の語句を並べる場合

などの場合は、かなりの確率でコンマが入ります。ただし、絶対に入るかどうかというのは、ネイティブ・スピーカーの間でも意見が分かれることが多く、文体の問題ともいえます。試しに、コンマを入れることができるところに数字を入れてみました。

① In the morning (1) I spent my time writing scores of New Year's cards (2) but I should write at the end of the year (3) no matter how busy I am.
② Today (4) I intended to write some New Year's resolutions on a piece of paper (5) but I couldn't.
③ In the evening (6) I called my sister living in Tokyo (7) after a long time.

　この中で、どうしてもコンマがなくてはまずいという場所はありません。特に最近のアメリカ英語ではコンマを入れない傾向が強まっています。しかし、これでは、どこで切れるかわかりにくくなるので、私たちノン・ネイティブにとってはつらいところです。逆にいえば、ノン・ネイティブが書く場合は、入れておいたほうがどこで切れるかはっきりするので、入れられる個所には入れておいたほうがいいかもしれません。上の1から7に、すべて入れても問題はありません。
　なお、6と7の間、livingの前にコンマを入れた人もいるかもしれませんが、ここには普通入れません。現在分詞の前にコンマを入れると、分詞構文になって、副詞的に解釈されてしまうからです。ここは形容詞的用法なので、コンマは必要ないのです。

> **結論** **はっきりとしたルールはないが、意味的、文法的に切れるところには入れておいたほうがよい。**

コラム

英語は人に焦点をあてる

　日本語は、登場人物よりも、出来事そのものに焦点を当てる言語だ。「明日は、大阪出張で10:00からミーティングだ。5:00に起きて、7:00の新幹線に乗らなければならない。プレゼンがうまくいくといいけど」に、主語「私」は一度も出ていない。もちろん、2番目の文の主語は私で、日本語は主語を省略するということもあるが、全体として出来事に焦点をおいた描写になっている。①の文ではThere will be a meeting... という言い方もできるが、以下の例でネイティブの訳ではIを主語に立てていることに注意。

①I'm going on a business trip to Osaka for a meeting tomorrow at 10 a.m. ②I have to get up at 5 a.m. and get on the train at 7 a.m. ③I hope the presentation will go OK.

　次の、「最近、いい天気が続いてすっかり春らしくなった。週末に、梅を見にでも行こうかな」も同様だ。

We've been having nice weather these days and I can feel spring is really here. I am hoping to have a plum blossom viewing this weekend.

　天気がいい、ということをいわずに、主語をweにして、人間に焦点を当てている。英語は人に焦点を当てるのを好むので、主語を人にしたほうが英語らしい表現になる。

　英語では、topic continuity（話題の連続性）を代名詞で保つ傾向があって、とくに日記などpersonal narrative（個人的な語り）の場合は、主語を同一に保って、話を進めていく傾向がある。

　上の例を見ると、最初の3文はこの傾向に従っている（ここは一人称なので最初から代名詞だが、三人称の場合は、最初にMr. Tanakaがきたら、2回目、3回目はHeを主語に立てて話しを続ける）。

　もちろんこれは、必ずしも守らなくてはならない「ルール」ではなく、英語で語る時の傾向と考えておけばよい。可能ならば、このスタイルを続けると、自然な英文ができる。つまり、必要がなければ主語を頻繁に取り替えることは避け、同じ主語で通す、くらいに考えておけばいいだろう。

6 | トピック別の日記展開パターン
構成：コスモピア編集部

いざ英語で日記を書こうとしたものの、最初の1文がなかなか書き始められない、という人も多いことでしょう。ここでは、比較的書きやすいトピックについて、3つの文で日記を構成していく方法を紹介します。

日記展開パターンの活用法

3文日記を書くには、3つの文をうまく展開させていく必要があります。トピックごとに用意された展開パターンから、以下の手順に沿って3文で書くコツを身に付けましょう。

❶ 次のページ以降に掲載されている10個のトピックから、書けそうなものを選びます。
❷ 次に、書きたいトピックのページを参照し、キーフレーズを使って第1文を書きます。
❸ 解説と3つの例文をヒントに、第2文、第3文を書きます。
❹「関連語句」も参考にしてください。

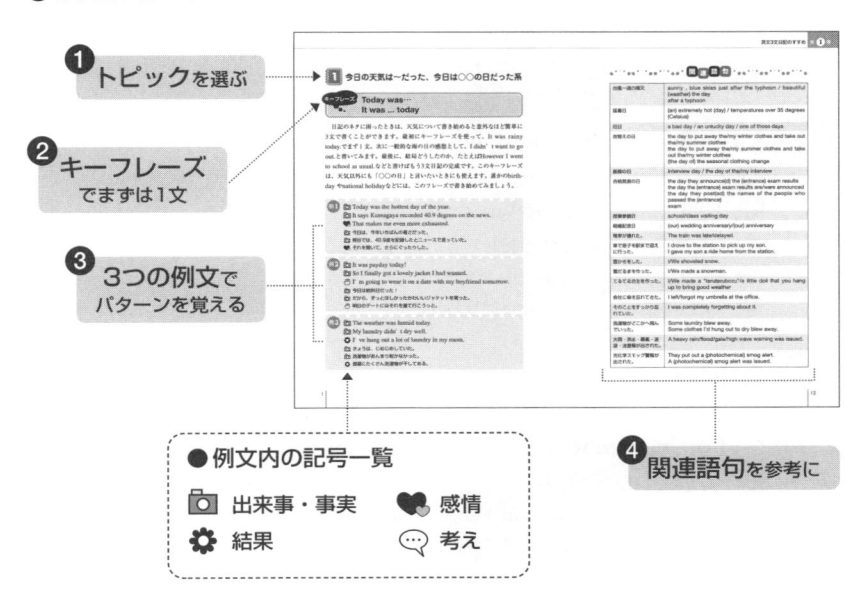

❶ トピックを選ぶ
❷ キーフレーズ でまずは1文
❸ 3つの例文で パターンを覚える
❹ 関連語句を参考に

● 例文内の記号一覧
📷 出来事・事実　　❤ 感情
⚙ 結果　　💬 考え

1 今日の天気は〜だった、今日は○○の日だった

> **キーフレーズ**
> Today was...
> It was...today.

　天気について書き始めると、比較的スムーズに3文日記を書くことができます。たとえば、最初にキーフレーズを使って、It was rainy today.でまず1文。次に天気についての感想を書きます。I didn't feel like going out.などです。最後に、その日に何をしたのか、However I went to school as usual.あるいは、So I stayed home all day long.のように書けば完成です。このキーフレーズは、天気だけでなく、「○○の日」と言いたいときにも使えます。誰かの誕生日や祝日などには、このフレーズで書き始めてみましょう。

例1
- It was stormy today.
- I realized a typhoon was coming this way.
- My daughter told me that her classes would be canceled tomorrow.
- 今日は、嵐だった。
- 台風が近づいているのを実感した。
- 娘によると、明日は学校が休校になるそうだ。

例2
- Today was the hottest day of the year.
- It says on the news that Kumagaya recorded 40.9 degrees.
- That makes me even more fed up.
- 今日は、今年いちばんの暑さだった。
- 熊谷では、40.9度を記録したとニュースで言っていた。
- それを聞いて、さらにぐったりした。

例3
- It was payday today!
- So I finally got a really cute jacket I had wanted.
- I'm going to wear it on a date with my boyfriend tomorrow.
- 今日は給料日だった！
- だから、ずっとほしかったかわいいジャケットを買った。
- 明日のデートにはそれを着て行こうっと。

関連語句

厄日	a bad day / an unlucky day
猛暑日	(an) extremely hot (day)
面接の日	interview day
衣替えの日	(the day of) the seasonal clothing change
結婚記念日	(our) wedding anniversary
合格発表の日	the day the (entrance) exam results were announced
台風一過の晴天	beautiful weather the day after a typhoon
そのことをすっかり忘れていた。	I was completely forgetting about it. / I completely forgot about it.
こんな天気だと、どの服を着ればいいか迷う。	I don't know what to wear in this kind of weather.
打ち水をした。	I sprinkled water on the ground (to cool the air).
雨宿りをした。	I/We took shelter from the rain.
電車が遅れた。	The train was late/delayed.
会社に傘を忘れてきた。	I left/forgot my umbrella at the office.
車で息子を駅まで迎えに行った。	I drove to the station to pick up my son.
ひどい渋滞に巻き込まれた。	I/We got into a monster traffic jam.
洗濯物がどんどんたまっていく。	The dirty clothes are really piling up.
洗濯物がどこかへ飛んでいった。	Some laundry blew away.
雪かきをした。	I/We shoveled snow.
雪だるまを作った。	I/We made a snowman.
明日は晴れるといいな。	I hope it will be sunny tomorrow.
空港で3時間も待たされた。	I/We waited at the airport for three hours.
日焼けして、肌がヒリヒリする。	I got a sunburn and it really hurts/smarts.
光化学スモッグ警報が出された。	A (photochemical) smog alert was issued.

2 テレビを見た、映画を観た、本を読んだ、音楽を聴いた

キーフレーズ
Today I watched...on TV/YouTube.
Today I saw a/the film...at the movies/theater.
I read...today.
I finished/started reading...today.
Today I listened to...on my CD player.

映画を観たり、本を読んだりしたら、その感想を日記に書いてみましょう。まず、キーフレーズを使って、何を見たか、あるいは何を読んだかという事実を書きます。続くふたつの文で感想を書けば、まとまりのある文章にすることができます。「関連語句」やp.162からの表現なども参考にしながら、自分なりに感想を述べてみましょう。

例1
Today, I saw the film *Ratatouille* at the movies with my friend.
I had been looking forward to seeing it, and actually I liked it.
I will buy the DVD when it comes out.
映画館で『レミーのおいしいレストラン』を友だちと観た。
楽しみにしていたし、実際に気に入った。
DVDが出たら買おう。

例2
Last night, I watched my favorite program, *The World Heritage* on channel 6.
I didn't know Ayutthaya, an ancient Thai city, was once such a prosperous place.
The more I watch this program, the more places I want to visit.
今日は、6chでやっている大好きな番組『世界遺産』を見た。
タイのアユタヤが、これほど栄華を極めた都市だったとは！
この番組を見ていると、訪れてみたい場所が増えていく。

例3
I listened to *Oblivion with Bells* by Underworld on my iPod today.
Beautiful Burnout, track 2, gave me goosebumps.
I'd like to go and see them play live.
今日はiPodでUnderworldのOblivion with Bellsを聞いた。
2曲目のBeautiful Burnoutは、鳥肌が立つほどすばらしかった。
彼らのライブに行ってみたい。

関連語句

新譜	a new release/album/CD
時代劇	a historical drama/film/play
先行上映	an advance showing
料理番組	a cooking show/program
クイズ番組	a quiz show/program
お笑い番組	a comedy show/program
バラエティ番組	a variety show/program
ドラマの2時間スペシャル版	a special two-hour episode of a drama series
続きが気になった。	I can hardly wait to find out what happens next.
感動で涙をこらえるのに必死だった。	It was so moving I could hardly keep from crying/sobbing.
主人公に感情移入してしまった。	I really identified/empathized with the main character.
この結末には納得できない。	The ending isn't/wasn't believable.
キャストは魅力的だが、脚本がダメだった。	The actors were good, but the writing was bad.
いいシーンのところで、ニュース速報が入った。	A news bulletin came on (the screen) right in (the middle of) a good scene.
話の内容が毎回同じパターンだが、ついつい見てしまう。	The stories are always similar, but I end up watching anyway.
登場人物が多くて、ストーリーについていけなくなった。	There are so many characters, I can't follow the story (anymore).
その映画のパンフレットを買った。	I bought the program/booklet for that movie.
ノリノリで聞いていた。	I was really into the music.
カラオケで歌えるように何度も練習した。	I practiced the song over and over so I could sing it in karaoke.
その音楽を聴いて、別れた恋人のことを思い出した。	The music brought back memories of my old boyfriend/girlfriend.

3 ～へ行った、～を訪れた

キーフレーズ I/We went to...today.
I/We visited...today.

　どこかへ行った、という経験は、日記に書きやすいテーマのひとつです。もちろん日記を書くからには、訪れた場所で印象に残っていることがあるはずです。キーフレーズに続いて、その行き先で行動したこと、誰かが言ったこと、感じたことなどを書いてみましょう。また、第2文で訪れた場所の説明・描写などを書いてから感想を述べても、まとまりやすくなります。

　なお、went toではなくvisitを使うと、そこに多少とどまるというニュアンスを含ませることができます。

例1
- Today I went to my usual hairdresser.
- I got my bangs cut, but I was upset because it was too severe.
- I'm worried that everyone might laugh at me.
- 今日、いつもの美容院へ行った。
- 前髪を切ってもらったら、パッツン気味になってショック。
- みんなに笑われないか心配。

例2
- I went to an event and met a girl named Mayu yesterday.
- She was a dream come true and I fell in love with her at first sight.
- She said that she loved Gundam, so I went and got the DVD afterwards.
- 昨日あるイベントに行って、まゆという名前の女の子に会った。
- 彼女は理想そのもので、一目ぼれしてしまった。
- 彼女はガンダムが好きと言っていたので、イベントの後でDVDを手に入れた。

例3
- We visited Sendai Castle last week.
- The scenery from Aoba Mountain was breathtaking.
- That will be a wonderful memory.
- 先週、仙台城址を訪れた。
- 青葉山から見た景色は、息を呑むほど美しかった。
- それは、大切な思い出になると思う。

英語3文日記のすすめ 第1章

関連語句

オフ会	an offline meeting
同窓会	a class reunion
懇親会	a get-together
文化祭	a school festival
合コン	a mixer
参加者	the participants
お化け屋敷	a haunted house
まんが喫茶	a manga cafe
心霊スポット	a haunted spot
コインランドリー	a laundromat
お墓参りに行く。	visit someone's grave
いい思い出になった。	It will be a nice memory. / It was a memorable day.
またこのメンバーでどこか行ってみたい。	I hope we'll all go somewhere again.
今度は後輩も誘ってみよう。	Next time I'll/we should invite the younger/newer people, too.
来週はどこに行こうかな。	Where should I/we go next week?
明日、職場でこのことを話そう。	I'll talk about this at work tomorrow.
満席で入れなかった。	All the seats were taken, so we couldn't go in.
疲れただけだった。	I was tired the whole time.
途中で道に迷ってしまった。	I/We got lost on the way (there).
子どもが泣き出してしまった。	The children/kids started crying.
もう二度と行きたくない。	I'll never go there again. / I never want to go there again.
晴れていたら、もっとよかったのに。	It would have been better / more fun if the weather had been good.
渋滞に巻き込まれて大変だった。	I/We got into a monster traffic jam.

65

4 ○○と〜の話をした

キーフレーズ
I was chatting with...today and he/she said that...
I talked to...today and he/she told me that...
I had a conversation with...about...today.

　私たちは日々いろいろな人と話をする機会がありますが、会話の内容が印象に残るということはよくあるものです。相手が言ったことを思い出しながら、それについて自分の思ったことを書いてみましょう。相手が言ったことというのは、" "を使った直接話法ではなく、he/she/theyを主語にした間接話法にするのがポイントです。なお、I had a conversation with... は、少しあらたまった表現で、シリアスな話題のときに使われます。

例1
- I talked to Yusuke today and he told me that he liked my new haircut.
- I was very glad to hear that.
- I think I'm going to like him.
- 今日、友介と話していたら、彼が私の新しい髪型をほめてくれた。
- とってもうれしかった。
- 彼のことが好きになっているみたい。

例2
- I was chatting with a co-worker today and she said her boss was selfish.
- She works overtime every day because of all the work he gives her.
- My heart went out to her.
- 今日、同僚と話したところ、彼女は上司が自分勝手だと言っていた。
- 上司から押し付けられた仕事のせいで、毎日残業するハメになっているという。
- 彼女に同情を禁じえなかった。

例3
- I had a conversation with my university friends about job hunting.
- Erisa said that she wanted to work for the local government.
- I started wondering about my future.
- 大学の友だちと就活の話をした。
- エリサが、地方公務員になりたいって言っていた。
- 私も将来のことに考えをめぐらせてみた。

関連語句

昨日の試合	yesterday's game/match
育児（子育て）	child-rearing
夏休みの計画	(our) summer vacation plans
最近のできごと	recent happenings
修学旅行の思い出	memories of our school trip/school excursion
今後の身の振り方	(our) future plans
感慨深かった。	It was a moving experience.
昔話に花が咲いた。	It was fun to reminisce about old times.
彼女にウソがばれた。	My girlfriend found out I'd lied to her.
彼女が元気そうで何よりだった。	I was happy to see her (looking) so well.
彼女と今度また会う約束をした。	She and I made a promise to meet again.
彼のことでおおいに盛り上がった。	We talked about him a lot.
もっと話していたいと思った。	I wished we had more time to talk.
会うたびに惹かれていく自分に気づいた。	I realized I'm more attracted to him/her each time we meet.
（会話に）うんざりした。	I got fed up (with the conversation).
愚痴ばかりになった。	We ended up complaining/griping about everything.
思わずキレそうになった。	Before I realized it, I was about ready to explode.
彼女はひとこと多いと思う。	She tends to say things she shouldn't say.
言いたいことが言えなかった。	I couldn't say what I wanted to say.
彼の言い方が何となくむかついた。	What he said really annoyed me, for some reason.
彼のはっきりしない態度がじれったかった。	His wishy-washy attitude was irritating.
彼はなんで空気が読めないんだろう。	Why doesn't he understand what's going on? / He has no sense of what people are thinking.

5 〜を食べた

キーフレーズ
I had lunch/dinner/breakfast/a meal at...today.
I/We tried...today.
I ate...at...today.

　最近、個人のブログでは、料理の写真とともに食べた感想を綴った記事がよく見かけられるようになりました。印象に残った食べ物は、格好の日記のネタになるものです。3文で書く場合は、キーフレーズを使った第1文に続いて、料理についての説明や描写、最後に食べた感想を書いていくのが基本的なパターンです。おいしかったと言いたいときは、It was good.を使います。おいしくなければ、It wasn't very good.を使いましょう。

例1
- We had lunch at a Mexican restaurant near Shinjuku station today.
- I enjoyed the tacos, which were crispy and spicy.
- I also had Mexican rice but it was so dry that I didn't like it.
- 新宿駅近くのメキシコ料理店でランチを食べた。
- パリパリでピリ辛のタコスはおいしかった。
- メキシカンライスも食べたけど、パサパサしていてダメだった。

例2
- Today I tried an unusual kind of shaved ice.
- There was gelatine and nata de coco on top of the ice.
- It tasted very good and I want to try it again.
- 今日珍しいカキ氷を食べた。
- ゼリーとナタデココが氷の上に載っていた。
- すごくおいしくて、また食べたいと思った。

例3
- Tonight my girlfriend and I had a delicious meal that she had prepared.
- I love not only her cooking but also watching her in the kitchen.
- I really feel happy when I'm with her.
- 彼女の手料理をおいしく食べた。
- 彼女の料理も好きだが、キッチンに立つ姿も好きだ。
- 彼女といると、とても幸せだ。

関連語句

焼肉	Korean barbecue
お弁当	a boxed lunch
水餃子	boiled Japanese-style Chinese dumplings
懐石料理	a traditional Japanese multi-course meal
しゃぶしゃぶ	shabu shabu
スープカレー	soup-style curry
明太子のおにぎり	a rice ball with spicy fish roe inside
牛丼つゆだく並盛	a regular-size gyudon/beef bowl with extra sauce
季節限定のスイーツ	the sweets available only in this season
産地直送の有機野菜	organic vesitables delivered direct from the production area
インスタントラーメン	instant (ramen) noodles
秋葉原名物のおでん缶	Akihabara's famous canned oden
デパ地下	a department store basement floor where all kinds of foods are sold
ビュッフェ形式の社員食堂	a buffet-style cafeteria
大味	a bland flavor
和風の味	Japanese flavor(s)/taste
上品な味	a subtle / delicate / refined taste/flavor
おふくろの味	food that tastes like Mom used to make
焼き鳥とドリアを足して2で割ったような味	a taste/flavor that's like a cross between yakitori/grilled chicken and doria
コクがある。	It's rich.
のどごしが爽快だった。	It was thirst-quenching and refreshing.
芸術的な盛り付けだった。	It was artistically arranged.
水分があって、みずみずしい。	It's juicy and fresh-tasting.
デザートに杏仁豆腐を食べた。	I had/ate an almond jelly for dessert.

6 〜を買った

> **キーフレーズ**
> I got/bought/purchased...at...today.
> I ordered...online today.

　マンションを購入するという大きな買い物から、コンビニでガムを買うという日常的なことまで、何かを買えば日記のネタになるものです。第1文に続いて、買ったもので何をするのか、買ったことでどんな気持ちになったかを書いてみましょう。「買った」という日本語から発想すると、多くの人がboughtをまず思い浮かべると思いますが、実際にはgotが使われるケースが多いようです。また、purchasedはboughtをフォーマルにした表現になります。ネットで何かを注文した場合は、orderedを使います。

例1
📷 Today I went shopping and got some makeup I'd seen in magazines.
📷 I was only intending to get eye shadow, but I also bought some pretty lip gloss.
❤️ I can't wait to try them!
📷 今日はショッピングに行って、雑誌で目をつけていた化粧品を買った。
📷 アイシャドーだけ買うつもりが、かわいいグロスも買ってしまった。
❤️ 早く使ってみたい！

例2
📷 Today I purchased a new car on a five-year loan.
💬 Though it is a bit expensive, I think it's well worth it.
❤️ Now all I need is a girlfriend to sit in the passenger seat.
📷 今日、5年ローンで新車を購入した。
💬 ちょっと高かったけれど、その価値はあると思う。
❤️ あとは、助手席に座る彼女がいればなぁ。

例3
📷 I ordered the latest Tacho-tadoku Magazine online today.
💬 When I get the magazine, I will read the stories in it first.
❤️ Thanks to these magazines, I feel I'm enjoying reading in English these days.
📷 今日『多聴多読マガジン』の最新号をネットで注文した。
💬 届いたら、いくつかの物語を読んでみよう。
❤️ この雑誌のおかげで、最近は英語で読書するのが好きになってきたようだ。

関連語句

風鈴	a wind chime / a wind bell
お惣菜	everyday dishes
最新号	the latest/most recent issue
漢方薬	(Chinese) herbal medicine
入浴剤	bath powder / bath salts
前売り券	an advance sale ticket
健康器具	health and fitness products / fitness machines
夕飯の材料	dinner ingredients
レトルト食品	ready-made food that is boiled in a sealed pouch
携帯ストラップ	a mobile/cell phone strap
アールグレイの茶葉	Earl Grey tea leaves
大切に使おう。	I'll take good care of it. / I'll use it with care.
当たりが出た。	I won a prize.
誰かに自慢したい。	I want to brag to someone.
使い勝手がよかった。	It's easy to use. / It's user-friendly.
早く届かないかなぁ。	I wish it would get here.
またあのお店に行ってみよう。	I'll try/go to that store/shop again.
思ったより安くて得した気分だ。	It was cheaper/less expensive than I thought, so I feel like I made money/a profit.
かれこれずっと愛用している。	I use it all the time.
いろいろ迷ったが、これにしてよかった。	It was hard to make up my mind, but I think this was the best choice.
いきなり壊れた。	It broke as soon as I bought it.
無駄遣いだったかも。	It was probably a waste of money.
使いこなせるか心配だ。	I'm worried I won't be able to figure out how to use it.
もう使わないので弟にあげよう。	I never use it anymore, so (I think) I'll give it to my (kid) brother.
しばらく生活が苦しくなりそうだ。	It looks like money is going to be tight for a while.

7 ～をもらった、あげた

キーフレーズ
I got/received...from...today.
He/She gave/got me...today.
He/She bought...for me today.
I gave him/her...today.
I bought him/her...today.

　誰かに何かをもらうというできごとは、よほどのことでなければ、記憶に残るものとなります。受け取ったときの自分の気持ちが新鮮なうちに、日記に綴っていきましょう。また、反対に誰かに何かをあげる、ということもありうることです。その場合は、受け取った人の反応を書いて、その反応に対する自分の気持ちを書くとよいでしょう。

例1
- 📷 I got incense as a souvenir from Naoko, who's just been to India.
- 📷 Surprisingly she went off to India on her own!
- 💙 When I got home, I tried the incense, but the smell was too strong for me.
- 📷 直子から、インド土産としてお香をもらった。
- 📷 彼女はなんと女1人でインドへ旅行してきたそうだ。
- 💙 家に帰ってお香を焚いてみたが、匂いが強烈で大変だった。

例2
- 📷 Today I gave my brother some photos that I'd taken of his baby.
- 📷 He said that he would display the best photo in his house.
- 💙 I was very glad to hear that.
- 📷 今日、私が撮った写真を弟にあげた。
- 📷 弟は、いちばんいいのを家に飾ると言ってくれた。
- 💙 それを聞いて、とてもうれしかった。

例3
- 📷 I bought my daughter a yukata.
- 💙 It suits her very well.
- 💬 I think she looks like a real Japanese beauty in it.
- 📷 娘に浴衣を買ってあげた。
- 💙 とても似合っていた。
- 💬 大和撫子という言葉がピッタリだと思う。

関連語句

合鍵	a pass key
ビール券	a beer coupon / a gift certificate for beer
おまもり	a good luck charm / a lucky charm
出張土産	a souvenir/present from a business trip
引き出物	gifts/presents given to guests at a reception/special event
おこづかい	pocket money / spending money / an allowance
暑中見舞い	a summer greeting
三越の商品券	a Mitsukoshi gift certificate
バレンタインのチョコ	Valentine's chocolate / chocolate given on Valentine's Day
お礼の手紙を書こう。	I'll write a thank you letter.
細やかな心遣いに胸を打たれた。	His/her sensitivity and thoughtfulness really moved me.
選び方にセンスがあると思った。	I thought he/she had (better) taste (in gifts).
渡すときにちょっとドキドキした。	My heart was pounding a little when I gave him/her the gift.
わくわくしながら包装紙をはがした。	I unwrapped the present eagerly. / I tore off the wrapping paper excitedly.
口には出さなかったけれど、うれしかった。	I was very happy, even though I didn't say so (directly).
彼の喜ぶ顔を見て、自分までうれしくなった。	When I saw how delighted he was, I felt happy, too.
痛い出費だった。	It was more than I can really afford.
お返しが面倒だ。	It's troublesome to have to give a return gift.
ありがた迷惑に感じた。	It was an unwelcome favor.
どうしていいかわからない。	I don't know what I should do.
どういうつもりなんだろうか。	I wonder why he/she did that.
期待していた私がバカだった。	It was stupid of me to expect something/a gift.

8 電話・メールをした、電話・メールがきた

キーフレーズ
I phoned/called him/her...today.
I gave him/her a call...today.
I emailed/texted him/her...today.
I sent him/her an email...today.
I got/received an email/a text from...today.

　印象的な電話やメールがあった日は、それを題材に日記を書いてみましょう。まず、キーフレーズを使って誰と電話（メール）をしたかを書きます。次に電話（メール）の内容を書いて、最後に自分の感想を述べるのが基本パターンです。なお、textは携帯電話のメールという名詞、または携帯電話のメールを送るという動詞としても使われます。

例1
- Today I phoned my parents for the first time in a while.
- They sounded just same as always.
- Talking to them cheered me up a lot.
- 今日、久しぶりに実家に電話をかけた。
- いつもと変わらない対応で安心した。
- 電話で話せたことで元気をもらった。

例2
- I got a text from my boss this morning.
- He said he would be late for the meeting.
- I hate his irresponsibility, and the pictograms he used irritated me even more.
- 今朝、上司から携帯のメールが届いた。
- 会議に遅れるという内容だった。
- 彼の怠惰な性格も嫌いだが、彼の使う絵文字に余計にイライラした。

例3
- I emailed Yui, whom I secretly like, for the first time.
- Now I have butterflies in my stomach.
- I hope she will be delighted, even just a tiny bit.
- 密かに好意を抱いている結衣に初めてメールを送った。
- こんなにドキドキするなんて。
- ほんの少しでもうれしいという気持ちになってくれるといいけど。

関連語句

顔文字	an emoticon
機種変更	a phone update / a model change
迷惑メール	spam / junk (e-)mail
テレビ電話	a videophone
マナーモード	silent mode
早く返事こないかな。	I wish I'd get a reply.
メールで告白された。	He/She declared his/her love (for me) in an e-mail.
つい長電話になった。	I ended up talking for a long time in spite of myself.
パケット定額制のプランに入った。	I got/chose a plan with unlimited Internet access.
コンビニで利用料金を振り込まないと。	I have to pay my (phone) bill at the convenience store.
話しているうちに彼に会いたくなった。	As we were talking, I started to want to see him.
送られてきた写メを見てニヤニヤした。	I grinned / really smiled when I saw the photo he/she texted me.
朝から声が聞けて、一日中幸せだった。	After hearing his/her voice in the morning, I felt happy all day (long).
相談相手になってくれてうれしかった。	I was happy that he/she was willing to listen and give me advice.
彼を受信拒否した。	I set up my phone to reject (calls from) him.
電波状況が悪かった。	The (phone) reception was bad.
文字を打つのが面倒だ。	It's a pain/a lot of trouble to type out a message.
利用明細を見るのが怖い。	I'm afraid to see my (monthly) statement/bill.
電池が切れて会話が中断した。	The/Our conversation was cut off because my battery ran out / went dead.
彼氏が勝手に私のメールを見た。	My boyfriend read my e-mail without asking.
メールが返ってこなくて不安になった。	I'm (getting) / I got worried because he/she hasn't/hadn't returned my e-mail.
電車の中で着メロが流れて気まずかった。	It embarrassed me / It made me uncomfortable when my phone melody started up on the train.

9 〜する予定だ、〜することになった

キーフレーズ
I'm/We're going/planning to...tomorrow.
I/We have a plan to...tomorrow.
I've/We've decided to...tomorrow.

　日記は「すでに起こったこと」について書くことが多いと思いますが、これからの予定について書いてみるのもいいでしょう。最初にキーフレーズを使って第1文を書いたら、次にその予定の詳しい内容を説明し、最後に自分の感想を述べます。あるいは、第2文から感想を書いてもいいでしょう。感想には、I am looking forward to it.（そのことを楽しみにしている。）や、I can't wait for it.（そのことが待ち切れない。）といったフレーズが使えます。

例1
We are planning to climb Mt. Fuji next week.
According to our plan, we will get to the top by the second night.
I am looking forward to the beautiful sunrise there.
来週、富士山に登る予定だ。
計画では、二日目の夜までに山頂に着く。
ご来光が楽しみだ。

例2
We have a plan to go to Disneyland.
I can't wait for it because I haven't been there for a year.
Just thinking about which ride we'll go on first, I get very excited.
ディズニーランドへ行くことになった。
1年も行っていないのですごく楽しみ。
何から乗ろうかと考えるだけで、今からわくわくする。

例3
I'm going to see my boyfriend this weekend.
I have felt embarrassed since I quarreled with him last week.
He likes Krispy Kreme Doughnuts, so I decided to bring him some.
今週、彼氏に会う予定だ。
先週けんかしたので、少し気まずい。
彼はクリスピー・クリームドーナツが好きだから、持っていってあげよう。

関連語句

引越をする	move (to a new house / apartment)
仕事を辞める	quit my job / resign (from my job)
星を見に行く	go star-gazing / go and look at the stars
草むしりをする	weed the garden / lawn / pull weed
運転免許を取る	get my driver's license
結婚式に出席する	go to a wedding / attend a wedding
資格試験を受ける	take a certification exam
ガーデニングをする	do some gardening / work in the garden
彼氏とWiiで一緒に遊ぶ	play games on Wii with my boyfriend
部屋の模様替えをする	rearrange/redecorate my apartment/room
彼の喜ぶ顔が見たい。	I'd like / love to see him smiling and having fun.
その日が待ち遠しい。	I'm really looking forward to that day.
いまから緊張してきた。	I'm already starting to feel nervous.
当日は晴れるといいな。	I hope the weather is good that day.
彼の気が変わりませんように。	I hope he doesn't change his mind. / Please don't let him change his mind.
今日もそのことを友だちと話した。	I talked about it with my friends (again) today.
うっかり忘れないようにしないと。	I have to make sure I don't forget / don't let it slip my mind.
今日はずっとそのことが頭から離れなかった。	I couldn't stop thinking about it today. / It was on my mind all day (long).
まだ全然準備ができてない！	I'm not ready (yet)!
何から手をつけていいのかわからない。	I don't know where to begin/start.
誰か代わってくれないかなぁ。	I wonder if someone would (be willing to) take my place / do it instead of me.
中止になってしまえばいいのに。	I wish it would be canceled. / It'd be great if it were canceled.
デートコースを考えるのが面倒だ。	It's annoying to have to think of where to go (on a date).

10 〜が始まった、〜が終わった

キーフレーズ
...began/started today.
...finished/is over/ended today.

　よく「ものごとには始まりと終わりがある」と言われますが、何か自分にとって関心のあることが始まったら、あるいは終わったら、それについて書いてみるのもいいでしょう。海外への転勤でまったく新しい生活がスタートする場合は書きたいことが豊富にあるでしょうし、休日が終わったという場合にも何か書けるかもしれません。

　キーフレーズを使って第1文を書いたら、続くふたつの文でそのことについての感想を書くというパターンがおすすめです。

例1
Some road construction started in front of my house today.
It was so noisy that I could hardly talk on the phone.
I hope it will end soon.
今日から自宅の前で道路工事が始まった。
うるさくて、電話で話すのが大変だった。
早く終わってほしいなぁ。

例2
My dental appointment is over and I'm happy now.
The sound of the drill always makes me frightened.
I really hate dentists.
今日の歯医者の治療が終わって、安堵している。
あのドリルの音はいつ聞いても怖い。
歯医者は本当に嫌いだ。

例3
My unrequited love for Aki might be over.
I've finally realized it's hopeless.
I should give up on her.
亜季への片思いは終わったかも。
とうとう望みがないことがわかったし。
もうあきらめるべきかなぁ

関連語句

合宿	(a) training camp
2学期	the second semester/term
パリコレ	Paris Fashion Week/Shows
入院生活	a hospital patient's daily routine
お料理教室	(a) cooking class/school
期末テスト	a final exam / an end-of-term exam
オリンピック	the Olympics / the Olympic Games
大相撲初場所	the New Year (Grand) Sumo Tournament
花粉症の季節	(the) hay fever season
ワールドカップ	the World Cup
村上春樹の新連載	Haruki Murakami's new serialized story
夏のバーゲンセール	a summer sale
プロ野球のペナントシーズン	the (professional) baseball season
あっという間だった。	It happened in an instant.
まだ興奮が冷めない。	I still haven't gotten over the excitement.
一抹の寂しさを感じた。	I felt a twinge of loneliness/sadness.
夢のような時間だった。	It was like a dream.
眠れない日々が続きそう。	It looks like I won't be getting much sleep for a while.
町はその話題で持ちきりだ。	It's a/the hot topic around town. / Everyone (in town) is talking about it.
今は他のことが手につかない。	I'm too happy/upset to think about anything else.
やっといつもの生活に戻れる。	Now I/we can finally go back to normal life.
肩の荷が下りた。	A (big) load was taken off my mind.
早く終わればいいのに。	I wish it were over. / I wish this would end.
息苦しくて死にそうだ。	I feel like I'm suffocating (to death).
期待しすぎたのかもしれない。	I may have expected too much.

コラム

冠詞を間違うと、どの程度意味が通じない？

Q 冠詞をどうするか、とても気になるのですが、間違えるとどのていど意味が通じないものでしょうか。どこまで神経質に考える必要があるのでしょうか。

A 冠詞は、コミュニケーション自体にはあまり影響しません。英語のネイティブ・スピーカーでも必ずしも使い方は一致しません。ただ、おおよその規則だけは少し覚えておくとよいでしょう（これも必ずしもいつも守られているとは限りませんが）。

(1) 基本的に、aは相手にとって「初めて」出てきた事象に対してつけるが、theは相手が既に知っていることを前提としたときにつける、と覚えておくとよいでしょう。

> **例** きょう、犬がほえているのを見た。
> Today, I saw a dog barking.
> その犬は何かにおびえていたようだ。
> The dog seemed to be afraid of something.

(2) first＋名詞、second＋名詞、third＋名詞 というように、順序を表す時は the を使うのが普通です。

> **例** the first class...、the second person...、the fourteenth day...

(3) 国名で、the United States、the United Kingdom、the People's Republic of Chinaというように、「合衆国」「連邦」「共和国」のように、複数の地域からなる国の場合は、the をつけるのが一般的ですし、the Philippines、the Netherlandsのように、やはり、複数形の -s が国名につく場合も the がつきます。

(4) ひとつしかないもの the sun、the moon などにもtheをつけます。

（吉田研作）

第2章

英語3文日記帳

3文日記を書くための日記帳が、1カ月分用意されています。毎日、コンスタントに書き続けるようにしましょう。1カ月分を書き終えるころには、英文日記を書くのが習慣になっているはずです。

- きょうの日付。アメリカ式とイギリス式で書き方が異なる。
- きょうの天気。文の形で書くこと。原則は過去形。
- 日記を書くスペース。多少スペースにゆとりがあるので、3文以上書きたいときでも大丈夫。
- 欄外には、日替わりで日記を書くときに役立つTipsを掲載。
- メモ欄には、書こうとしたけれども書けなかったことなどを忘れないうちに書き留めておこう。
- コラムでちょっと休憩。

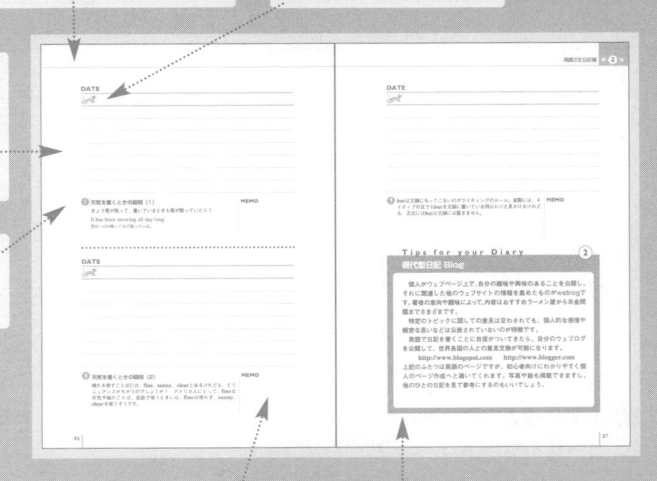

DATE

---

① 日付の書き方のいろいろ
アメリカ式は「曜日／月／日／年」が基本

- Sun./8/31/2008
- Sunday, Aug.31st, 2008
- Sun. the 31st of Aug. 2008
- 31-8-2008 Sun.
- Aug. 31 (Sun.)

MEMO

・・・

DATE

---

② 日付の書き方のいろいろ
イギリス式は「曜日／日／月／年」が基本

- Sun./31/8/2008
- Sun. 31st , Aug. 2008
- 8-31-2008 Sun.

MEMO

DATE

③ 月の短縮形

Jan. Feb. Mar. Apr. May. Jun. July. Aug. Sep. Oct. Nov. Dec.

MEMO

DATE

④ 曜日の短縮形

Mon. Tue. (Tues.) Wed. Thu. (Thurs.) Fri. Sat. Sun.

MEMO

DATE

---

5 天気は過去形が原則。また、天気を表すときには、**It**を文頭にもってきます。**Today**でもいいけれども、基本は、**It**。

　例　It snowed today.
　　　It was snowy today.
　　　Today was snowy.

MEMO

・・

DATE

---

6 なぜ、センテンスで天気を書くの？

過去形でセンテンスを作る練習で、日記を書き始めるウォームアップになります。これを最初に書いておけば、日記の文は過去形で書いていくということを、思い出すことができます。

MEMO

Tips for your Diary
Diary, Blog, or Journal?

「日記」と聞いてすぐに思い浮かぶ英単語はdiaryですが、英語圏ではjournalということばもよく耳にします。インターネットが一般的になってきた90年代以降には、個人のページで「日記」を公開し、情報などを提供するweblog (blog)ということばも使われるようになりました。

実のところネイティブの間でも、自分の日記をdiaryまたはjournalのどちらと呼ぶのかはそれぞれ意見が異なるようです。

diaryは、文字通り「私」のきょう一日の出来事の記録です。きょう起こった出来事、またはきょうのスケジュールを記したものがdiaryです。つまり、diaryは自己管理のためのツールといえます。

例えば、次のような感じです。

> **13 p.m.:** business lunch with Mr. Harris (CP Inc.) at Garden Cafe
> **午後1時:** CP社のハリス氏と昼食、ガーデンカフェにて

きょう起こったことを手短かに記録しておくのもいいでしょう。

> 例　Monday, Mar. 10, 2008
> I got my final exam papers back.
> The maths mark was BAD!
> I'm very dissapointed.
> 2008年3月10日(月)学年末試験の結果が戻ってきた。数学の点数は最悪だった！とてもがっかりだ。

もし、健康上の理由で薬を飲んでいたり、食事制限がある場合は、health diaryやfood diaryをつけると役に立ちます。

> 例　**8 a.m.: Breakfast**
> 1 cup orange juice, a bowl of cereal with a half cup of yogurt, a piece of toast with butter and jam
> **午前8時：朝食**
> オレンジジュース1カップ、ヨーグルト半カップとシリアル、トースト1枚にバターとジャム

DATE

---

7 天気を書くときの疑問（1）

きょう雪が降って、書いているときも雪が降っていたら？

It has been snowing all day long.
雪が一日中降ってまだ降っている。

MEMO

・・

DATE

---

8 天気を書くときの疑問（2）

晴れを表すことばには、**fine**、**sunny**、**clear**とあるけれども、どうニュアンスがちがうのでしょうか？ アメリカ人にとって、**fine**は天気予報のことば。会話で使うときには、**fine**は使わず、**sunny**、**clear**を使うそうです。

MEMO

DATE

⑨ **but**は文頭にもってこないのがライティングのルール。実際には、ネイティブの文でも**but**を文頭に書いている例はわりと見かけるけれども、正式には**but**は文頭には置きません。

MEMO

Tips for your Diary ②

現代型日記 Blog

　個人がウェブページ上で、自分の趣味や興味のあることを公開し、それに関連した他のウェブサイトの情報を集めたものがweblogです。著者の意向や趣味によって、内容はおすすめラーメン屋から年金問題までさまざまです。

　特定のトピックに関しての意見は交わされても、個人的な感情や親密な思いなどは公表されていないのが特徴です。

　英語で日記を書くことに自信がついてきたら、自分のウェブブログを公開して、世界各国の人との意見交換が可能になります。

　　　　http://www.blogspot.com　　http://www.blogger.com

上記のふたつは英語のページですが、初心者向けにわかりやすく個人のページ作成へと導いてくれます。写真や絵も掲載できますし、他のひとの日記を見て参考にするのもいいでしょう。

DATE

10 前の文と後ろの文を、**but**でつないでひとつの文にすることができます。

I was supposed to make an important presentation at the meeting this morning, **but** I overslept and was late for the meeting.

MEMO

DATE

11 **but**を文頭で使わないで、従属接続詞の**though**や**although**を使います。

Though I was supposed to make an important presentation at the meeting this morning, I overslept and was late for the meeting.

MEMO

Tips for your Diary 3
journalって？

　diaryが日々のできごとを記録することに焦点を置くのに対し、journalは、目的や目標を達成するまでに進行状況などを記録する意味合いが強くなります。

　一日単位でつけていくdiaryと違って、journalに記入する頻度や長さは自由です。この本の目的のように、「英語で日記をつけたい」「ライティングの力をつけたい」などの場合は、毎日つけることでdiaryにもjournalにもなります。

◆**journalの種類**

　diaryに慣れてきたら、こんなjournalを英語でつけてみるのはどうですか？

- **baby journal:** 娘、息子、妹や弟の成長記録。
- **dream journal:** きょう見た夢の内容やその意味などの記録。
- **fictional journal:** ドラマや本の登場人物の描写や空想の人物の記録。作家を目指すひとには特に役立つ。
- **hobby journal:** 自分の趣味の記録。
- **mental cleansing:** 自分のこころに注目して精神面を向上させるテクニック。
- **on-line journal:** インターネット上のツールを使っての日記。
- **travel journal:** 旅日記。
- **work logs:** 働きすぎ、ヤル気なし、など仕事に関しての日記。

DATE

12 and は文頭にもってこないのが原則。対等の関係にあるものを並べて示します。ふたつ以上のものを並べるときには、コンマで続けて最後に **and** でつなぎます。

My favorite fruits are apples, grapes, melons **and** mangos.
私の好きなフルーツは、リンゴ、ブドウ、メロン、そしてマンゴーです。

MEMO

DATE

13 and は、あることがらが起きた順番に文を並べます。

This morning I woke up at seven **and** then took shower, washed my hair and brushed my teeth.
けさ、7時に起きて、シャワーを浴び、髪の毛を洗い、歯を磨いた。

MEMO

Tips for your Diary ④
きょうの天気は？

sunny（晴れ）、rainy（雨）、cloudy（曇り）、snowy（雪）、hot（暑い）、cold（寒い）などの天気用語を It was...に続ければ、きょうの天気を表すことができます。

例 It was sunny.

意味は同じでも、ほかにこんな言い方もできます。

- Today was sunny.
- It was sunny today.
- The weather was fine.
- We had a nice weather.

日本語で「良い天気」と聞けば、「晴れ」とすぐわかるように、英語でもsunnyの代わりにfineやniceが使われます。

また、同じ「晴れ」でも、日によって受ける印象は違います。

    It was sunny.　　晴れだった。

という日があれば、次のような日もあります。

    The weather was gorgeous!　　素晴らしい天気だった！

「曇り」も、gloomyを使うとなんとなく怪しげな印象です。憂鬱な雨には、depressingを使うといいでしょう。

例 It was such a depressing weather.
    まったく気が滅入るような天気だった。

また、「晴れ時々曇り」、「晴れのち曇り」のような簡潔な単語は英語にはないので、その様子を説明するほかありません。

例 It was mainly sunny with some clouds.
    ほぼ晴れで、ときどき曇りだった。
    A sunny start, then it got cloudy.　　晴れていたが、後に曇ってきた。

だいたい/ほぼ	**mainly / mostly**
ところにより	**partly**
ときどき	**occasional ...**

■ この他、天気に関する表現が、*p.152*〜に載っています。

DATE

---

14 **so**は、前の文をうけて後の文でどうなったかを示す接続詞です。

It was very sunny early in the morning, **so** we decided to drive to Mt. Aso.
早朝、とてもいい天気だった。それで阿蘇山までドライブすることにした。

MEMO

• •

DATE

---

15 会話では、**Why...?** に答えて、**Because...** と言いますが、ライティングでは、**because**を文頭に置かないのが原則です。

MEMO

DATE

---

16 **because**は理由を表す文を導きます。

I took some medicine **because** I had a chill.
少し寒気がしたので、薬を飲んだ。

MEMO

Tips for your Diary ⑤
きょうの調子は？

　天気が毎日移り変わるように、自分自身の状態もまた変化しているものです。たまには、ふだん気にとめない身体の調子や感覚について書いてみるのはどうでしょうか。

(1) 頭からつま先まで、ひとつずつ感覚をチェックしてみます。

　　My heart is beating so fast.　心臓がドキドキしている。
　　Am I nervous?　緊張しているのかな？

(2) 鏡でも自分をチェックしてみましょう。何か新しい発見があるかもしれません。

　　I found wrinkles around my eyes.　目の周りにシワを発見。
　　I must be getting old.　老けてきたのかな。

気になるところが見つかっても、次の言葉で締めましょう。

　　But I still love myself!　それでも自分が大好き！

DATE

---

17 the か a で迷ったら、**my**、**his** などをかわりにつけてみるのもひとつの手です。

I went to **my** professor's room to discuss my career plans.
仕事のことで先生に相談に行った。

MEMO

DATE

---

18 名詞に何かつけなければならないか迷ったら、**some** をつけておくのもひとつの手です。**some** は数えられる名詞にも数えられない名詞にも使えます。

Mr. Tanaka didn't say anything at the meeting for **some** reason.
田中さんはどういうわけか、ミーティングでひとことも言わなかった。

MEMO

Tips for your Diary 6
ダイエット日記

身体に関する日記の内容で、いちばん多くあがるトピックはきっとダイエットでしょう。

例 Today I ran 2 km, did 30 push-ups, and stopped eating after 8 p.m.
It's been three days since I started my diet.
I still don't see any changes.
きょうは2キロ走り、腕立て伏せを30回し、夜8時以降の食事を止めた。ダイエットを始めてこれで3日目。まだ変化が見られない。

体重の変化、食べたもの、運動量を記録するには、次にあげるフレーズを使うといいでしょう。

- **be on a diet** ダイエットをする
  I have to be on a diet.
  ダイエットをしなくては。
- **put on/gain weight** 体重が増える
  I think I've put on weight.
  体重が増えたみたい。
- **lose weight** 体重を減らす、体重が減る
  I'd better lose some weight.
  少し体重を減らしたほうがいいみたい。
- **skip a meal** 食事を抜く
  Skipping meals is not good for dieting.
  食事を抜くのはダイエットによくない。
- **cut down...** ……を減らす
  I started cutting down on butter on toast.
  トーストのバターの量を減らし始めた。
- **burn calories** カロリーを燃焼する
  I worked on machines to burn some calories.
  カロリーを燃焼するためにマシーン運動をした。

そして、ある程度目標が達成されたら、次のフレーズです。

Give yourself a treat!
自分にご褒美をあげましょう。

DATE

---

19 「たくさんの……」といいたいときに、**many**を使うか**much**を使うか迷ったときには **a lot of** を使うといいでしょう。数えられる名詞と数えられない名詞、両方に使えます。

MEMO

DATE

---

20 英語にしにくい日本語を説明する方法（１） 似たものに例えます。
日本人以外にも知っているような同じ働きをするものに例えます。
「……のようなもの」 **such as... / like... / a kind of...** /
Grandmother made us oshiruko. Oshiruko is **a kind of** sweet bean soup.
おばあちゃんがお汁粉を作ってくれた。お汁粉は甘い豆のスープのようなものです。

MEMO

Tips for your Diary ⑦
自分の気持ちを表現するには

英文を書くことに慣れていないうちは、自分の作った英文がなんだか素っ気なく感じられることがあります。ここではもっと感情豊かな文を書くためのコツを紹介します。まずは、次の例を見てください。

例 I told my father that I wanted to live alone in my own apartment.
He **totally** rejected the idea.
I think he is very **stubborn**.
ひとり暮らしをしたい、と父に伝えた。
その案は断固反対された。
父は本当に頑固だと思う。

例 I had a big argument with Yuki today.
Because she lost the watch that she borrowed from me.
I'm **feeling guilty** that I might have been **too harsh**.
きょうユキと大喧嘩をした。
貸していた時計を彼女がなくしたからだ。
強く言いすぎたかもしれない、と後悔している。

例 I had a birthday dinner with my boyfriend today.
He gave me a **huge** bunch of beautiful red roses.
It was very sweet of him.
きょうボーイフレンドと誕生日のディナーへ行った。
きれいな赤いバラの大きな花束をもらった。
彼はとても素敵なことをしてくれた。

stubborn（頑固だ）、feel guilty（悪かったと思う）、harsh（厳しい）、sweet（素敵な）などの性格や気持ちを表す表現をなるべく使うようにすると、感情がこもった文になります。
また、totally（まったく）、too（……過ぎる）、bigの代わりにhuge（とっても大きい）などを用いると、気持ちや感情を強調することができます。

DATE

---

21 英語にしにくい日本語を説明する方法（2）

- **Japanese-style of**... I started Shodo, a kind of traditional **Japanese-style of calligraphy**.　書道を始めた。書道は伝統的な日本の文字を書くスタイルだ。
- **traditional Japanese**...I like takuan, which is a kind of **traditional Japanese** pickles.　私はタクアンが好きだ。タクアンは日本の伝統的なピクルスの一種だ。

MEMO

DATE

---

22 スケジュールの書き方のヒント（1）「……することになっている」

- We**'re planning to** go to Izu this weekend.　今週末、伊豆に行く予定だ。
- I**'m supposed to** meet Mr. Murai at two in Shinjuku.
  村井さんと2時に新宿で会うことになっている。
- Ms. Yamauchi **is visiting** here at three tomorrow.
  山内さんが明日3時にここに訪ねてくる予定だ。

MEMO

DATE

23 スケジュールの書き方のヒント（2）

Tomorrow is Ryoko's birthday. Don't forget it.
明日は良子の誕生日。忘れないように。
The 14:00 appointment with Steve tomorrow has been changed to 16:00. 明日2時にスティーブと会う約束は4時に変更。

MEMO

Tips for your Diary ⑧
風邪にもいろいろ

　いちばん身近な病気といえば、まず風邪です。風邪にもいろいろな症状がありますが、ひき始めにはなかなか気づかないものです。春先などは、花粉症の可能性を疑ってしまう人も多いことでしょう。

例　I am suffering from a runny nose.　鼻水で苦しんでいる。
　　It's really bothering me.　本当にうっとうしい。
　　I may be getting hay fever.　花粉症かもしれない。

　日記をつけていると、体調の微妙な変化にも気づくことができるかもしれません。p.157のリストにある風邪のsymptoms（症状）を参考にしながら、自分の体調をチェックしてみましょう。

DATE

---

24 つぶやきのことば (1)
I wonder... / I'm wondering... 「……かしら」

- **I'm wondering why** I've not been feeling so good.
  なぜこのところ調子がよくないのかな。
- **I wonder what** he thinks about me (**how** he thinks of me).
  彼は私のこと、どう思っているのかしら。

MEMO

DATE

---

25 つぶやきのことば (2) 「……しようかと思っている」**I'm thinking about...**

- **I'm thinking about** visiting Mr.Sato to find out about his company.
  佐藤さんに会社の話を聞きに行こうかと思っている。
- **I'm thinking about** joining a new English conversation class.
  新しい英会話のクラスに入ろうかと思っている。

MEMO

Tips for your Diary (9)

ペンと紙を常備

　日記のネタというのは、いつ、どこで、または何をしているときにアタマに浮かんでくるか、わからないものです。お風呂で背中を流しているときや身動きもできない通勤電車の中など、予期せぬときにアイディアが突然ひらめいたりします。そこで、すぐ書き留めておけるように、常にペンと薄いメモ帳を用意しておきましょう。買い物のレシートや新聞の空欄でもかまいませんが、海外のスーパーや公共バスのレシートの裏は、クーポンや広告で埋められていることがあります。海外旅行の際は注意してください。

　また、忘れていた英単語が突然アタマに浮かんだ、ということはありませんか？　例えば、電車の中で妊娠中の奥さんと、彼女の荷物を持ってあげている旦那さんの幸せそうな夫婦を目にした瞬間、"affectionate"という単語がアタマに浮かんだとします。高校か、通っていた英会話学校で習ったような気がするけれど、意味を思い出せない。すぐにメモしましょう。"afフェクショネート"でも、"アフェクショネート"でもいいのです。そのあと、辞書で"af..."のページで、それらしき単語を調べると、「愛情のある」という意味が見つかります。早速日記に書きましょう。

> 例　I saw a pregnant lady accompanied by her husband in the train.
> Her affectionate husband was carrying a bag for her.
> They were looking very happy.
> 電車の中で、旦那さんに付き添われたお腹の大きい女性を見かけた。
> 愛情たっぷりの旦那さんは彼女のかばんを持ってあげていた。
> 彼らはとても幸せそうだった。

　シチュエーションとともに書いておくと、記憶の定着がよくなります。日常の生活を日記に書くことで、ボキャブラリーもしっかりと増やしていくことを心がけてみてください。

DATE

---

26 つぶやきのことば（3）　「……だといいなあ」

- **I'm hoping that** I will see him soon.
  あの人にまた会えるといいなあ。
- **I'm hoping that** it will be sunny tomorrow.
  あす、晴れるといいなあ。

MEMO

DATE

---

27 つぶやきのことば（4）　「……だといいのに」

- **I wish I could** take a day off this weekend.
  今週末、休めたらいいのになあ。

MEMO

DATE

---

28 つぶやきのことば（5）「……すればよかった」
I should have＋過去分詞...

- **I should have** saved money. 貯金しておきゃよかった。
- **I should have** studied hard in my college days.
  学生のとき、ちゃんと勉強しておけばよかった。

MEMO

・・

DATE

---

29 つぶやきのことば（6）「……しなければよかった」
I should not have＋過去分詞

- **I should not have drunk** so much.
  あんなに飲み過ぎなきゃよかった。

MEMO

DATE

㉚ 日記で感情を表すパターン

「**I was**＋感情を表す形容詞＋**to**不定詞……」があります。
感情を表す形容詞には、**happy / surprized / sad / sorry / shocked** などがあります。

MEMO

・・

DATE

㉛ 「させる」使役動詞　make / have / let

- I **made** my son go to juku.　息子を塾に行かせた。
- I **had** my hair cut.　髪の毛をカットしてもらった。
- I **let** my daughter go abroad.　娘を留学させた。

MEMO

DATE

32 **Even the weariest river winds somewhere safe to sea.**
どんなに長い川でもいずれは海に流れ込む

MEMO

Tips for your Diary ⑩
旅行先での体調管理

　特に海外へ旅行をすると、慣れない土地での食生活や環境の変化、時差や移動の疲れでさまざまな症状が出てきます。

例 I had a hangover this morning and missed the museum tour.
I shouldn't have drunk so much Sangria last night.
I spent whole day in bed.
今朝は二日酔いで、美術館巡りに行けなかった。きのうの夜、サングリアを飲みすぎなければよかった。一日中ベッドで休んでいた。

　リゾート地での予想以上の強い日差しには、sunstroke（日射病）に気をつけて、beautifully suntanned（きれいに日焼け）するように、sunscreen lotion（日焼け止め）を忘れずに。

例 I exposed myself to the sun for far too long at the beach.
I got totally sunburned.
Taking a shower was killing me.
ビーチで日にあたり過ぎた。完全に日ぶくれだ。シャワーを浴びるのは拷問だった。

DATE

33 Every man is architect of his own fortunes.
人はみな自分の運命の設計者である

MEMO

DATE

34 Everything must have a beginning.
なにごとも、まず始めることが肝心

MEMO

Tips for your Diary
映画の名セリフ ① 元気がでるひとこと編

　映画を観ていて、心に残ったセリフはありませんか。そんな素敵なセリフに出会ったら、忘れないうちに日記に書き記しましょう。いつもの日記が、ちょっとばかり輝いて見えるはずです。
　ここでは、参考までに元気が出てくる名セリフの数々を紹介します。

If you put your mind to it you could accomplish anything.
何事も成せばなる。
　科学者ドク（クリストファー・ロイド）のセリフ。だからがんばれって恋人に励まされた高校生マーティ（マイケル・J・フォックス）。負けるな！　　　　　　　　　『バック・トゥ・ザ・フューチャー』

You can do anything you want, man.
君なら、なんだってできるさ。
　中学入学を控え、将来に不安を抱くクリス（リバー・フェニックス）に友人のゴーディ（ウィル・ウィートン）が励ましの言葉を。少年たちの未来は無限です。　　　　　　　　『スタンド・バイ・ミー』

Just be yourself.
気負うなよ。
　闘いの前にウォレス（メル・ギブソン）が仲間の一人にこう声を。初デート、初仕事、緊張しているときこそ、いつもの自分をありのままに出せたら最高ですね。　　　　　　　　　　『ブレイブハート』

Seize the day.
いまを生きろ。
　破天荒な教師キーティング（ロビン・ウィリアムズ）は学生たちに生きる意味を問い掛けます。今日、その日、その瞬間をいかに目一杯生きるか。　　　　　　　　　　　　　　　　『いまを生きる』

DATE

---

35 He who makes no mistakes makes nothing.
間違いをおかさない者はなにもできない

MEMO

DATE

---

36 Hitch your wagon to a star.
星に車をつなげ / 大望をいだけ

MEMO

Tips for your Diary ⑫
映画の名セリフ ②　勇気をもらえるフレーズ編

　誰にだって落ち込むときはあるものです。ここでは、名作映画の数々から、勇気を与えてくれる珠玉のフレーズを紹介します。

It's on me. Get a life!
支払いは俺がする。人生を楽しめ。
　強い信頼関係で結ばれた仕事人間の補佐官（ジョン・キューザック）に市長（アル・パチーノ）がもっと贅沢をしろと勧めます。今のままじゃ、まるで死んでるみたい。だから生き方を根本的にガラッと変えてみたらどうってこと。ほら、ガンバ！　『訣別の街』

We're all going through this.
俺たちみんな、なんとかやっていけるさ。
　情緒不安定なジュールス（デミ・ムーア）をなぐさめる友人（ロブ・ロウ）。紆余曲折あっても、困難を切り抜けてどうにかやっていけるものです。　『セント・エルモス・ファイアー』

Look at this way. Every cloud has a silver lining.
こう考えたらどうだ。どんなに悪い状況にでも希望はあるとね。
　どんな雲も裏側は銀色に光っている。つまり「どんなに悪く見えるものにも良い面がある」という刑事レイ（ケヴィン・ベーコン）。苦あれば楽アリ。物事は考えよう。でも、この人、実は悪巧み中だったりして？　『ワイルドシングス』

Hope is a good thing, maybe the best of things.
希望とはいいものだ。おそらく最高のものだ。
　最後まで希望を捨てなかったアンディ（ティム・ロビンス）。その姿に感動したのは囚人エリス（モーガン・フリーマン）だけではありません。　『ショーシャンクの空に』

DATE

㊲ If you want a thing well done, do it yourself.
りっぱにやりたければ自分でやれ

MEMO

・・

DATE

㊳ In for a penny, in for a pound.
やりかけたことはやり通せ

MEMO

Tips for your Diary

映画の名セリフ ③　迷えるときのアドバイス編　⑬

　人生にはいろいろな岐路が待ち受けているものですが、迷ったときに背中を押してくれるひとことは、自信を持って前に踏み出せる力を与えてくれます。次に挙げるのは、映画に出てきた素敵なアドバイスです。

It's now or never. Listen. If we're doing this, then just this once, we're doing it right.
最初で最後のチャンスなんだぞ。一度きりだ。やるならとことんやろうぜ。
　ビビっていちゃ男がすたる。ここまできたら思い切って舞台に立つ。一度きりの男の人生とことんヤリマス！　『フル・モンティ』

Often the thing you're looking for is right in front of your nose.
たいてい、探し物は目の前にあるものだ。
　灯台下暗し。ないないと大騒ぎしたものほど身近にあってびっくり。何事も、あわてない、アワテナイ。　『ゼロ・エフェクト』

All you have to decide is what to do with the time that is given to you.
自分が与えられた時間で、何ができるかを考えるのだ。
　指輪を受け取ったことを悔やむフロド（イライジャ・ウッド）に悔やんでも始まらないと魔法使いガンダルフ（イアン・マッケラン）が語りかけます。　『ロード・オブ・ザ・リング』

Sometimes, you gotta go for it.
やらなきゃならないときがあるんだ。
　危機や困難をもろともせず、いちかばちか賭けなきゃならないときもあります。ニック（マイケル・ダグラス）にハッパをかけられた松本刑事（高倉健）。今が、そのときです。
　　　　　　　　　　　　　　　　　　　　　　『ブラック・レイン』

DATE

㊴ Tomorrow is the first day of the rest of your life.
明日は残りの人生の最初の一日

MEMO

DATE

㊵ It is better to travel hopefully than to arrive.
到着するよりも希望を持って旅しているほうが楽しい

MEMO

第3章

添削付き日記例とQ&A

モニターのかたがたが書いた実際の日記の一部をネイティブによる添削とともに掲載しています。慎重を期すために、ひとつの日記に対して複数のネイティブ・スピーカーがチェックしています。

日記の作者。英文日記を書くにあたっての動機なども掲載。

ネイティブによる添削。文法的な訂正のほか、より適切な表現の例も紹介。

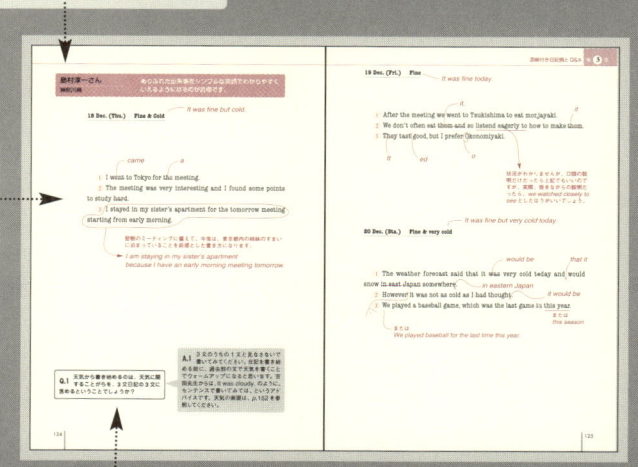

作者が日記を書いているときに感じた疑問とそれに対する解答。

中学2年生
熊本県

2学期の終わりに課題として出された3文日記に中学生80人が挑戦しました。中学2年生だって、ここまで通じる英語を書けるんです！

December 19　It was cloudy today.

① I played with ~~dog~~. ② ~~Dog~~ name is Reo. ③ I like ~~dog~~ better than ~~cat~~.
　　　　　　　my　　　*My dog's*　　　　　　　*dogs*　　　　　　*cats*
　　　　　　　　　　　　　　　　　　　　　　　一般的に犬や猫という場合には複数で表します。

December 20　It was sunny today.
　　　　　　　　　　　　　　　　　　friend's

① Today was my ~~friend~~ birthday. ② I ~~presented~~ for him. I want to be snowy tomorrow.
　　　　　　　　　　　　　　　　　　　　bought a present　　　　　　*it*
　　　　　　　　　　　　　　　　　　　　または
　　　　　　　　　　　　　　　　　　　　I gave a present to him.

または、I hope it will be snowy tomorrow.

December 21　Today was cold too.
　　　　　　　　　　　　　　　　　　　　　　　　　　it

① I bought a new game, and I played ~~new game~~. ② I wanted to play it ~~many~~ hours. ③ But I must go to juku.
for　　　または had to

December 22　It was ~~snow~~.
　　　　　　　　　　　　　y または It snowed today.
　　　　　　　　　　　　　　　　only

① I was happy today. ② ~~Because I~~ had four classes.

③ I hope ~~that~~ this ~~day will~~ continues.

または I hope this will continue.

because は「……なので」と理由を表して、中心になる文といっしょに使われます。だから、この場合、①と合体させて、
I was happy today, because I had only four classes.
とすることができます。

December 23　It was cloudy.
　　　　　　　　　　　my school's
① Today was ~~the~~ closing ceremony. ② I got ~~a~~ report card.
　　　　　　　　　　　　　　　　　　　　　　　　　　　　　　　　my　　*er*
③ I'm sad to see ~~the report card~~, so I think that I study ~~very~~ hard.
　　　　　　　　　　it　　　　　　　　　　　　　　*will have to*
　　　　　　was

ここには作った人を表すことばが入ります。自分であれば I。

December 24　It was warm today.
　　　　　　　　　　　　　　　　　　　　　　　　　some
　　　　　　　　　　　　　　　So (　　) made　　*o*
① It was Christmas Eve today. ② ~~Therefore~~, a cake and cokkies ~~were made~~ for Santa. ③ I hope that the Santa Claus ~~eats~~.
　　　　　　　　　　　　　　　　　　　　　　　　　　　　　　　　　　　will eat them.

K.T.さん
東京都

大学受験を控えたK.T.さんの青春のひとコマ。英文日記も単に英語力の向上に役立つだけではなく、個人の記録となることがわかります。

December 20

① Last night, I argued with my girlfriend.
② And this quarrel brought about the collapse of our love.
③ How can I make friends with her again? I miss her.

▶ この文は間違いではないけれども、文語体でかたい印象です。
②は *As a result, we broke up.* といえます。

③は *How can I get back with her?* としてみては？

December 22

① Today, I realized again why December is called "siwasu" (→ *shiwasu*) in Japanese.
② Our home-room teacher ~~had gotten~~ angry with us ~~for~~ (→ *over a*) small thing.
③ He (must work hard). (But) I studied hard too.

▶ ここでは過去のことなので、
　must have worked hard
「働かなければならなかった」とするか、過去、現在にまたがることととらえて、*has to work hard* にします。
その場合には、あとを *I'm studying* と現在進行形にします。

本来、*but* は文と文をつなぐ接続詞なので、文頭においては使いません。
ここは *But* をとるか、*However,* にするほうがよいでしょう。

December 23

① Why ~~imperial~~ (→ *is the Emperor's*) birthday ~~is~~ (→ *a*) holiday?
② Why my birthday ~~is not~~ (→ *isn't*) (→ *a*) holiday? ③ I'm dissatisfied.

▶ ちょっとフォーマルすぎるので、*It's not fair.* くらいがいいでしょう。

December 24

① Today is Christmas Eve. ② But I don't have any ~~schedule~~ (→ *plans*).
③ I only (→ *have*) to study.

緑川彩子
埼玉県

自分で文を組み立てるのが苦手だった緑川さん。毎日少しでも自分で考えて文を書くことで、英語の実力をつけたいと思い、英文日記を始めました。

December 27　It was fine today.

① I stayed ~~in house~~ all day long. 　*home*

② It ~~appeared to that~~ snowed last night.

③ There was snow everywhere. 　*this morning*

Q.1「昨晩、雪が降ったらしい」の「らしい」は appear でいいですか？

A.1「昨晩、雪が降ったらしい」と思ったのは今朝のことで、日記を書いているのはその夜だと思うので、その時点で「らしい」はやや不自然。「昨夜雪が降った」のほうが、自然だと思われます。

December 28　It was fine today.

① I went to my friend's live at Kannai. 　*performance*

② It was loud ~~volume.~~ 　*in*　　*It was very loud.* と言います。

③ Watching it once enough. 　*was*

Q.2「ライブを見に行った」は went 以外で表現はできますか。

A.2 他の方からも同じような質問がありましたが、このような場合には、単に went でもまったく問題ありません。

December 29　It was sunny today.

I was able to get (buy) what I wanted

① I went to Odaiba in the early morning.

② I'm very happy ~~to got to good things.~~

③ And good weather ~~makes~~ me ~~more~~ happy.
　the　　　　　*made*　　　　　　*(happier)*

Q.3「ほしかったもの」が表現できませんでした。何と言ったらいいですか？

A.3 what I had wanted と言えます。what は＝ the things which... の意味で使われます。

December 30   It was a nice day.

① I went to school to do ~~the last of task~~. — some remaining tasks(work)
   または to do 以下のかわりに to finish some tasks(work) とも言えます
② Recently, it appears ~~to haunt the thief~~ in the school. — that there's been a thief
③ So, ~~take~~ my notebook computer home. — I took   — my

Q.4 「泥棒が『出る』らしい」ですが、「出た」と言ったほうがいいですか？

A.4 終わったことなら、there was a thief でしょうが、まだ続いているようなら、there has(there's been) となります。

December 31   It was cloudy today.

① I cleaned ~~up~~ my room. — I cleaned
② ~~The~~ back of shelf, ~~and personal computer,~~ window and floor. — my PC (または computer), the   — the
③ ~~So,~~ my room is very ~~comfortable~~. — Now   — tidy または neat and tidy

Q.5 「気持ちよく新年を迎えられる」と書けず、「部屋がとても快適だ」としました。

A.5 and now I'm able to start the new year afresh. などと言えますね。

January 1   It was a nice day.

① I went to my grandfather and grandmother's house, to ~~new~~ year's greetings.   ② I got the handsel.   ③ ~~There is last this year~~.
   — 4人のネイティブ・スピーカーに通じませんでした。
   — exchange   — N (トル)
   — Y
   ▶ They gave me Otoshidama (the Japanese traditional New Year's money gift).
   — This is the last time as I am an adult now.

Q.6 「お年玉もさすがに今年が最後だ」と言いたかったのですが……

A.6 「さすがに」を文脈で考え、adult ということばで説明しました。

January 2   It was fine ~~day~~. — today (または It was a fine day.)

① I went to a New Year's sale ~~to~~ at the department store.
② The winter clothes were half-price which ~~were~~ I wanted.
③ I enjoyed shopping ~~so~~ very much.
   ▶ または
   I really enjoyed shopping.

杉本雄平さん
神奈川県

日頃から英語にふれあっていたい、日常の行動を英語で即座に言えるようになりたい、というのが、学生の杉本さんが、モニターに参加した動機です。

17th December   It is fine today.
— was ……日記なので過去形

① I woke up late this morning, and 〜out my class started 13:20, though, I went to the school.
— still / but / missed / which / at
— missed my 13:20 class ともいえます。

② A Prof. of international relationship gave us a weird assignment.
— My professor / I / R

③ It seems to me that what the hell am I supposed to do...
— I don't know / I'm (I am) / ちょっと強いかも

18th December   It is fine today.
— was

① I play soccer every Thursday, though I got late tonight and played without stretching my muscle.
— but / there / s / of my / または warming up

② Since this night was so cold, I got a cramp in my both legs just as my expected.
— it / I

19th Decmeber   It is fine today.
— was / S / manager (of a convenience store) (of a restaurant)

① I'm working part time job as a chief of staffs.

② Though, since there too many things to do, I had to shake them up, I cheered them up with anger.
— into action / were so / scare

②は意味的にわかりにくかったようです。
As there were so many things to do, I had to shout at the staff to get them to work harder.

managerの後に具体的に働いているところを付け加えるとさらによい。

with angerは scare があるので不要。

20th December   It ~~is~~ fine today.   *was*

① Since there was a party for my seminar, I went to the pub near ~~by~~ my university.   *(group)*

② This pub was so ~~bad~~ that we couldn't ~~hear what~~ even ~~own word nor what speaker said~~.   *noisy* — *hear ourselves* — *speaking (talking)*

21st December   It ~~is~~ so fine today.   *was*

① ~~Since~~ (there was a year-end party for my job ~~member~~, I drunk ~~so much beside myself~~.   *T* — *got very* — *so* — *to*

②の文は、I had a year-end party with my coworkers, and I got really drunk. とも書くことができます。

② I (lost my conciousness) and went asleep.

③ I always ~~regret for myself~~ after drinking ~~so~~ much and ~~being~~ a hangover.   *feel angry with myself* — *too* — *getting*

正しいけれども不自然な感じがする。こういうときには passed out を、よく使う。

22nd December   It ~~is~~ so fine today.   *was*

① I still have a headache, but I have to go to work...

② I can't say ~~any word~~...   *anything*

③ :Holy-crap...:   強すぎるかも

23rd December   It ~~is~~ so fine today.   *was*

① Oh my (gosh)...I have to ~~study~~ for (1st grade English exam, ~~though, still untouched~~.   *God* — *start* — *ing* — *my* — *(tomorrow)* — *I haven't done anything yet*

② There are too many things I have to ~~get over~~...   *study* あるいは *get done*

③ I need more time....

▶ あるいは、
Oh my gosh... I haven't studied at all for my 1st grade English exam tomorrow.

高田佳穂里さん
香川県

英語でメールを書くことの多い高田さん。細かいニュアンスを英語で伝えられるようになるのが目標です。

January 6　It was sunny ~~day~~.　*today* or *It was a sunny day.*

> **メモ**　去年のクリスマス、両親からのクリスマスプレゼントということで、ゲームキューブの「マリオカート・ダブルダッシュ」を娘にプレゼントした。それから毎日、夕食後に家族3人で必ずゲームを楽しんでいる。たかがゲームだけど、娘は平常心を保つように努力すること、協力すること、そして叫ぶことを学んでいるようだ。

① We ~~presented a~~ "Mario Cart Double Dash" ~~of~~ ~~g~~amecube to Noelle last Christmas.　(*gave* / *G* / *for the*)

② ~~Then, we are~~ enjoying the game after supper every day.　(*have been* / *W*)

③ ~~Only game, but it seems like that she is studying try to maintain the presence of her mind, to cooperating and shout!~~

▶ *Although it's only a game, it seems to teach her to stay patient, to play with others and express herself freely.*

January 7　It was warm ~~day~~.　*today* or *It was a warm day.*

> **メモ**　私の夫は「YO LA TENGO」と「ダフィ」など、いわゆるUKのインディーズロックが好きで、毎日1日中、彼らの曲を聞いている。しかし、私は聞きたくない。私と夫は音楽の趣味が違う。

① My husband loves ~~the so-called Indies rock of uk, such as~~ YO LA TENGO and Duffy, and he listens to their music all day every day, but I don't like it.　② I won't ~~to hear them~~.　③ I love R&B and hiphop.

(*UK indie rock like* / *listen to it*)

Q.1 「私と夫は音楽の趣味が違う」の「音楽の趣味」という部分が簡単そうでわからなかったので、**I love R&B and hiphop.** としましたが、どう表現するのでしょうか？

A.1 We have different musical tastes. または、We have different taste in music. ともいえます。映画の趣味が違うのなら、We have different tastes in movie. です。

January 8　It was sunny day.　　*today* or *It was a sunny day.*

メモ　今日からノエルは３学期が始まったので家にいないから寂しい、と思っていたら、また連休が始まるのか……。最近の小学校は休みが多いな。

① Since third term started and Noelle was not in her house from today, I think I am lonly...
　　the　　　　　　　　　　　　*today,*　　*left the*　　　　　　　*this morning,*
　so　　　　　　　　　　　　　　　　　　　　　　　　　　　　　　　　　　*feel lonely.*

② But consecutive holidays start...　〜 *There will be a long weekend soon.*

③ I think an elementary school increased holiday recently.
　　　　　the　　　　　　　　　*s*　　　　　　*s*
　　　　　　　　　　　　　have　　　*the number of*
　　　　　　　　　　　　　　　　　added more holidays でもよい

▶ *consecutive holidays* は、ネイティブ・スピーカーが４人とも、一読したとき、違和感を感じたようです。

January 9　It was cold today.

メモ　今日、大学の願書が届いた。４月から、陶芸を本格的に学ぶつもりだ。すでに、作りたいと思う「器」が頭の中にいくつか浮かんでいるから楽しみだ。

① I received an application for admission to an art college today.
　　　　　　　　want

② I am going to study to ceramic art in real earnest from April.

③ I've already a few ideas of work in my head, so I'm looking forward to the April.
　　　　　　　　had
　　　　　　　　　　　　または *the course*
　　トル

121

January 10　It was warm today.

メモ　去年からネズミが出るようになり、悩まされていた。が、ついに旦那さんが捕獲。思いの他小さいネズミだった。

*rat*はかなり大きいので、たぶん *mouse* ではないでしょうか？ *mouse* の複数形は *mice* です。

① Some ~~rat~~ ~~appears~~ frequently in my house ~~from~~ last year.
　　　　rats　　have been appearing　　　　　　　　　since

② Finally my husband ~~got a rat~~.
　　　　　　　　　　　caught one のほうがよい

③ It was a small rather than I ~~imaged~~.
　　　　　　　er　　　　　　　had imagined
　　　　　　　　　　　　　　　または、than I thought it would be.

→ *We have been bothered by some rats entering the house.*
または、*There've been some mice in my house since last year.* という言い方もできます。

January 11　It was ~~sunny~~ day.
　　　　　　　　　　　a sunny

メモ　昨日捕獲したネズミを飼うことにした。生態を調べてみるためだ。しかし、ちっちゃくてかわいいなぁ。

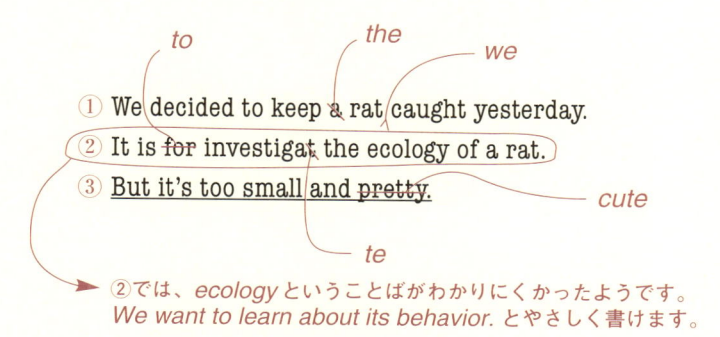

① We decided to keep a rat caught yesterday.
　　to　　　　　　　　the　we

② It is ~~for~~ investigat~~e~~ the ecology of a rat.
　　　to　　　　　　te

③ But it's too small and ~~pretty~~.
　　　　　　　　　　　　cute

→ ②では、*ecology* ということばがわかりにくかったようです。
We want to learn about its behavior. とやさしく書きます。

Q.2　下線の部分、英語ではどう書くのでしょうか？「しかし、(それにしても)ちっちゃくてかわいいなぁ」という感じです。

Q.2　「それにしても」は英語には訳しにくい日本語ですね。「思ったよりも」と考えて、*It is smaller and cuter than I thought.* としてみてはどうでしょうか。「かわいい」という場合に、*pretty* も使いますが、この場合の「小さくてかわいい」というニュアンスには *cute* ということばが合います。

添削付き日記例とQ&A 第3章

January 12　It was cold today.

メモ　英文日記を書き続けるのはつらい。すらすらと書けないもんなぁ。しかし、日常会話程度は問題なくこなせるようにしたいからがんばろう。

① It ~~is~~ hard for me to ~~write an~~ English diary recently.
　　　　has been　　　　*keep this*

② ~~I think I can't write smoothly...~~
　　　　　　　　　　　　　clearly のほうが適切です。

③ ~~But,~~ I want to be able to speak English ~~conversation,~~ I will do my best.
　　However　　　　　　　　　　　　　　　　　　　　　　　　*so*

または
I want to improve my English conversation ability,
ということができます。

I don't think I can...
のほうが適切です。

Q.3　「すらすらと書けないもんなぁ。」と独り言のように書く場合はどうしたらいいでしょうか？

Q.3　逆に、「すらすらと書ければナア」と考えて、*I wish I could write clearly.* と書くこともできます。これは現在の事実と反対のことを表す仮定法過去を使った言い方ですが、単純に、「I wish 主語＋過去形」で「……ならなあ」と現在の事実と反対のこと、「I wish 主語＋過去完了形」で「……だったらなあ」と過去の事実と反対のことを表すことができます。

January 13　It was windy and cold today.

メモ　11日の夜、首筋にしこりを発見！　悪性だったらどうしようかとドキドキしながら病院へ。「よくこんなに小さいしこりを見つけたね」と笑われてしまった。

① ~~Night~~ of the 11th, I found ~~stiffness~~ on my neck.
　On the （または *Two days ago*）　　*a lump*
　n　　　　　　　　　　　　　　　　*the*

② I went to see ~~a~~ doctor ~~while I worried.~~
　　　　　　　　　　　　　　　was
　　　　　　　　　　　　　　　because

③ I was laughed...

この場合、*a* でも *the* でも、どちらでも可能です。「ちょっとお医者に行ってみた」という感じだったら *a*、結構本気で悩んでそれなりのお医者さんを選んで行ったのだったら、*the* を使うといいと思います。

Q.4　3文目はお手上げ。わかりませんでした。

A.4　*I was laughed...* とするよりも、*The doctor* を主語にして、*The doctor said, "How could you find such a small lump!" and laughed at me.* ということができます。

島村淳一さん
神奈川県

ありふれた出来事をシンプルな英語でわかりやすくいえるようになるのが目標です。

18 Dec. (Thu.)   Fine & Cold

It was fine but cold.

① I ~~went~~ to Tokyo for ~~the~~ meeting. (*came* / *a*)

② The meeting was very interesting and I found some points to study ~~hard~~.

③ I stayed in my sister's apartment for the tomorrow meeting starting from early morning.

翌朝のミーティングに備えて、今夜は、東京都内の姉妹のすまいに泊まっていることを前提とした書き方になります。

I am staying in my sister's apartment because I have an early morning meeting tomorrow.

Q.1 天気から書き始めるのは、天気に関することがらを、3文日記の3文に含めるということでしょうか？

A.1 3文のうちの1文と見なさないで書いてみてください。日記を書き始める前に、過去形の文で天気を書くことでウォームアップになると思います。吉田先生からは、It was cloudy. のように、センテンスで書いてみては、というアドバイスです。天気の表現は、p.152を参照してください。

19 Dec. (Fri.)　Fine

It was fine today.

① After the meeting we went to Tsukishima to eat monjayaki. *(it, ... it)*
② We don't often eat ~~them and~~ so listend eagerly to how to make ~~them~~.
③ ~~They~~ tast good, but I prefer Okonomiyaki.

It　　ed　　　o

状況がわかりませんが、口頭の説明だけだったら上記でもいいのですが、実際、焼きながらの説明だったら、*we watched closely to see* としたほうがいいでしょう。

20 Dec. (Sta.)　Fine & very cold

It was fine but very cold today.

① The weather forecast said that it ~~was~~ very cold today and would snow ~~in east Japan~~ somewhere. *(would be ... that it)* *(in eastern Japan)*
② However it was not as cold as I ~~had~~ thought. *(it would be)*
③ We played a baseball game, which was the last game ~~in~~ this year.

または *this season*

または
We played baseball for the last time this year.

21 Dec. (Sun.)   ~~Fine~~   — *It was fine today.*

up again   *(former) coworkers*   *(laboratory)*
                               または *colleagues*

① I went for a drink with two peers in previous lab.
② We met after about ~~one~~ year.   *a*
③ We exchanged the latest news about ourselves.

→ いろいろな書き方ができますが、 *with colleagues from my former lab.* でも可。

または
- *We caught up with each other.*
- *We talked about our lives.*
- *We found out about what's been happening with each other.*

Q.2 自分と同じグループのメンバーを誰かに紹介するときに、その人が同期か先輩かということを説明するのは、日本人の感覚からすると自然なことだと思います。そのような人間関係の感覚はどうなっていますか？

A.2 アメリカでは厳しい上下関係はないので、同僚、同期、先輩、後輩を紹介するときには、みな同じように紹介します。ただし、かなり上の上司を紹介する場合には丁寧語を使います。
たとえば、ものを頼むときの表現に、Please / Will you...? / Won't you...? / Would you...? / Would you mind...? などがありますが、丁寧さの度合いはそれぞれ違い、後者になればなるほど丁寧な表現になります。

22 Dec. (Mon.)   ~~Fine~~   — *It was fine today.*

have tried   *harder recently*   *had expected*

① I ~~try~~ to work ~~hard these day~~.
② But I ~~don't accomplished~~ half as much work as I ~~expect~~.
③ I don't know the reason.
       または *why* のみ

However,   *why* のみまたは *for that* を続けます。

have not accomplished
あるいは *have not been able to accomplish*

→ ②の文は、次のようにも書くことができます。
However, I haven't accomplished half as much as what I wanted to.

添削付き日記例とQ&A 第3章

23 Dec. (Tue.)   Fine & Warm — *It was fine and warm today.*

① There is a Swedish in our lab.
　　　　　　S　　　man または technician

② He took me to a swedish restaurant in Tokyo.

③ Dishes are very good, but I was tired of the crowd.
　　The food was...　　　　　　　got　　it was too crowded
　　Each dish was...　　　　　　または

24 Dec. (Wed.)   Fine & Warm — *It was fine and warm today.*

① I had thought that I would have a hangover, but I felt fine.
　　only　　　　　　　　　　　　　　　　　　　　was でもよい。

② There are a few days left in this year.

③ I am trying to finish the work that I can do in this year one by one.
　　　　　　　　　　　this year's work　　　　　　　　little　little
　　　　　　　　　　　ともいえます。
　　　　　　　　　　　　　　　　　　　　little by little で
　　　　　　　　　　　　　　　　　　　　「少しずつ、一歩一歩」という意味

Q.3 書いていると、主語がIで始まる文がとても多くなってしまうのですが、これはどうしたらよいのでしょうか。

A.3 p.58のコラムに書かれてある通り、Iの主語が多いということは英語の特徴のひとつで、しかも、話題の連続性を代名詞で保つということから、最初にIで始めてしまうと、Iを主語にした文が多くなりがちです。主語がIで始めるのを避けるには、意識的にIを使わないトピックを選べばいいのです。人名を主語にしたり、ItやThere was/wereで始めたり、受動態にしてみたりなど、客観的な描写、事実を述べる表現の仕方をどんどん身につけていきましょう。p.186のコラムも参考にしてください。

麦島久美子
熊本県

英語で手紙を書いたり、話したり、世界中の人とコミュニケーションがとれるようになりたい麦島さん。英文日記を書くのは、その第一歩です。

December 27　It was fine.

① I went to a bookstore ~~after almost a interval of a~~ month.　*for the first time in one*

② I bought two ~~text books of radio~~ English ~~courses~~ for my son and me.　*radio textbooks*

③ After I changed my job last year, I have not dropped in such a place, because I have had no free time.　*stopped by*

③の文は、以下のように表現することができます。

- I have not stopped by such a place since changing my job, bacause I have had no free time.

- I have not been to a bookstore since I changed my job last year, because I have had no free time.

Q.1 3文目、「私は去年転職してから、暇がないので、こういう場所にあてもなく、立ち寄ることはまったくありません」と書きたかったのですが、おかしくないですか？

A.1 「……して以来、ずっと〜だ」と言う場合には、現在完了形＋since を用いて、表すことができます。

December 28　It was fine.

① Today, I ~~worked, too.~~ ← had to work　　← I have my own business

② ~~I do business on my own~~, so I work regardless of holidays.

③ But recently, ~~it's hard for me~~, because I can't ~~spend time of~~ ~~holidays~~ with my ~~son,~~ eleven-year-old ~~boy~~.
　(my / spend time during the holidays)
　→ it's been hard for me
　→ son

Q.2 （1）3文目の **recently** は、ごく最近の場合にも使えますか？
（2）**recently** は辞書に、現在完了か過去形の動詞とともに用いるとありましたが、現在時制では使えないのですか？
（3）**recently**、**lately**、**nowadays**、**these days** の使い方に違いはありますか？

A.2 （1）recently はごく最近の場合でも使えます。
（2）「最近」という意味なので、時間的に過去から現在まで、と幅があります。そのため、現在形とは相性がよくないようです。
（3）recently のほうが、lately よりもカバーする日が長く、nowadays、these days のふたつも同じように使いますが、recently、lately よりもカバーする期間がさらに長い感じです。

December 29　It was cloudy.

① I ~~don't start~~ to write New Year's cards yet.
　↑ haven't started　　↑ any

② ~~Because~~ I have been so busy ~~after~~ I changed my job.
　　　　　　　　　　　　　　　　　↑ since

③ Last time, I wrote them after ~~the year changed~~, too.
　　　　　　　　　　　　　　　　　→ the New Year

▶ *I was late last year, too.* とも言えます。

December 30　It was fine.

① ~~In the~~ /This morning, I helped my son with his homework ~~of arithmetic~~ /math.

② However, he could calculate fractions ~~earlier~~ /faster than me.

③ Although I was bad at mathematics in high school, he is good at ~~arithmetic~~ /it, so I want him to study harder and become a master of mathematics.

Q.3 文の接続が苦手なので、「接続詞のリスト（順接、逆接など）」、「関係代名詞、関係副詞でつなぐ場合のリスト」があればいいと思います。

A.3 だんだん力がついてくると、接続詞や、関係詞を使って文をふくらませていきたくなりますね。
本書の p.48 から、文のつなぎ方について、くわしく解説しています。参考にしてください。

December 31　It was cloudy.

① ~~It~~ /Today was the last day /of the ~~this~~ year, ~~today~~.

② In the morning I cleaned my room, /holiday in the afternoon I went ~~to~~ shopping to get ~~festive food~~ /foods for the New Year with my mother, and in the evening my family ate ~~the~~ buckwheat noodles for New Year's Eve.

③ ~~This year was the year filling regret for me.~~
→ *I have a lot of regrets about this year.*

Q.4 （1）2文目の最後、「夕食に年越しそばを食べた」と書きたかったのですがおかしくないですか？
（2）3文目に「今年は私にとって後悔にみちた1年だった」と、まだ今年が終わっていないのにこう書いたのですが、今そう感じていると現在形で書いたほうがいいですか？

A.4 （1）おかしくないですよ。自信をもってください。
（2）1年も終わりに近づき、31日も残り少ない時間に書かれているので、過去形でも問題はないです。

第3章 添削付き日記例とQ&A

January 1　It was fine.

Happy New Year! でもいいですね。

① The New Year has come!

② In the morning my son and I went to my parents' home, and ~~spend our happy time in~~ eating soup with rice ~~cake or anything~~. 　*cakes*

③ I got ~~scores~~ of New Year's cards from my friends, so I answered ~~cards,~~ in the afternoon. 　*lots* / *them*

had a good time は、「楽しい時を過ごす」というときの決まり文句です。

Q.5 2文目の後半は「お雑煮を食べて、楽しく過ごした」と書きたかったのですが、これでいいですか？

A.5 「……して楽しく過ごした」と言いたいときには、have a good time (-ing) という決まり文句のような言い方があります。have a good time と冠詞のaが必要です。忘れることが多いので注意しましょう。

January 2　It was cloudy.

①は次のように変えたほうが、わかりやすいでしょう。
This morning, my mother, son and I drove to Ono spa, which is about an hour away.

① ~~In the~~ morning I drove my car for around an hour to a hot spring, the Ono spa with my son and my mother. 　*This*

② I felt good, because this place smelt nice, as this bathtub was made of Japanese cypress. 　*smelled* (米)

③ After that we ate ~~a~~ lunch at a buffet-style restaurant, which is attached to the spa. 　または (*connected*) 　トル

この部分は次のように変えたほうがわかりやすいでしょう。
because the bathtub was made of Japanese cypress, and it smelled nice.

Q.6 2行目、檜のことを、**Japanese cypress** と書きましたが、正しいですか？

A.6 無料で調べることができる『英辞郎』(http://www.alc.co.jp) ほか、数冊の和英辞書で調べたところ、だいたい Japanese cypress でした。『ランダムハウス大辞典』では、hinoki cypress でした。複数のネイティブ・スピーカーに Japanese cypress って知ってる？ と聞いても知りませんでした。無料で調べることができるサイトは、*p.190*、英語にしにくい日本語を英語にするときの考え方は *p.22* へ。

エリさん
千葉県

英語を仕事で使う機会が多いエリさん。モニター期間中に、自分ひとりでなかなか気がつかない間違いをチェックできればいいなあと思いました。

25 December (Clear) ← It was clear today.

メモ 書きたいことが多すぎて、やたらと長い文になってしまいました。やはり、whichやthatの使い方がおかしいと思います。時制を表すのも難しかったです。勢いで書いたので、変な言い回しを多数使っていると思われます。

① Today I got a ~~mail~~ (an email) from ~~a~~ (my) friend ~~that~~ (who) says/ (it,) she ~~had quitted~~ (quit) her job as a bag designer, which she didn't like because the ~~design~~ (designs) she was supposed to do ~~was~~ (were) too market-oriented, and it was not something she had been working really hard for. (trying to solve the problem)

② When I met her last month, she said she didn't know what to do to change ~~all~~ the situations (that) ~~she'd never expected~~ the (her) and almost (had) (given) ~~gave~~ up ~~doing it~~.

③ I've always believed she was talented in art and will be somebody since I met her for the first time in junior high school, so I'm glad to hear she made a first step to move on.

この部分は、
she wanted to work hard at とするとわかりやすいかもしれません。

＊3文の制限があるとはいえ、長い文にしすぎてしまって、かえってわかりづらい文になっているようです。3文の制限は便宜的なもの。書きたいことがあふれてきたら、臨機応変に、文を整理しながら書いていきましょう。3文以内にこだわることはありません。わかりやすい文にしましょう。エリさんは3文日記の段階を卒業しているのかもしれませんね。

①をわかりやすく書き直すと、2文になってしまいますが、下記のようになります。

Today I got an email from my friend, who says she quit her job as a bag designer. She didn't like that job because the designs she was supposed to make were too market-oriented, and it was not something she wanted to work hard at.

③は次のように書くことができます。

Since first meeting her in junior high school, I've always believed she was talented in art and that she'd make something of herself, so I'm glad to hear she's taking the first step and moving on.

26 December (Clear, warm for a winter) — *It was clear and warm for winter today.*

I moved
① It was the last ~~day~~ (working) at the office ~~for~~ *this* year.
② ~~Moving~~ from Kobe last month to work for ~~the~~ company, though I'm still a college student in my hometown, I sometimes can't believe that I'm working in Tokyo.
③ Anyway it's nice to be here... and a little bit worried ~~if~~ *about whether* I can graduate next March.
   I'm

> 無理に1文にしましたが、ここでピリオドをうって2文にしたほうが、わかりやすいでしょう。

Q.1 2番目の文は文法的に正しいのでしょうか？

A.1 文法的には問題はないようです。しかし、3文の限界に挑戦するような長さでちょっと長すぎて、理解しにくいようです。3人のネイティブに尋ねると、三者三様の訂正をして返ってきました。

27 December (Clear) — *It was clear today.*

① I stayed with Yuri, who came back from Montreal for *the* winter holidays.
② Yesterday she ~~had~~ sent me a mail *an email* ~~that says~~ *saying that* it's colder in Tokyo and I ~~had~~ thought she was kidding, but she was not.
 トル
 M ③ ~~As~~ many houses in Honshu are not built to shut out the cold and Yuri's place is really large for an apartment; *the* inside of her ~~house~~ ~~was~~ so much colder than the one in Montreal, where the temperature is about -10 degree.
   apartment in Japan is

③を整理して書くと、以下のようになります。
Because many houses in Honshu are not built to shut out the cold, and because Yuri's apartment in Tokyo is pretty big, she feels much colder here than in Montreal, where the temperature is about -10 degrees.

Q.2 1番目の文の **I had thought** を書いていて思ったのですが、これは **I'd thought** と略することはできますか？ **I'd** とすることができるのは、**I would** だけでしょうか？

A.2 I had も、I would も、両方とも I'd と短縮できます。ただ、I'd の後にくるのが、I had の短縮形の場合には過去分詞、I would の短縮形の場合には動詞の原形になります。

28 December (Clear) — *It was clear today.*

① Yuri and I hit it off and laugh a lot whenever we meet.
② I don't know if it's because both of us are from Kansai, but we have ~~a~~ similar sense of humor and it's fun to talk with her.
③ I'm looking forward ~~she's~~ *to her / to when she comes...* coming back to work in Tokyo after ~~graduation~~ *she graduates* in June.

> look forward to... のあとには名詞、動名詞、代名詞、名詞節のような名詞相当語句がきます。

Q.3 「会話のノリがあって楽しい」と書きたかったのですが、「ノリ」をどのように表していいかわかりませんでした。表現しにくいことは避けて書く癖がついてしまったので、あまり上達しなくなったように思います。

A.3 「ノリがあって」は hit it off で OK です。たとえピッタリの表現でなくても、近い意味の表現で言い換えることができるスキルが身についていたら、実戦的な力には困らないと思います。でも、レベルが上がってきたら、ドンピシャの表現も身につけていきたいですよね。

29 December (Clear) — *It was clear today.*

① I read the first part of "On the road" by Jack Kerouac ~~that~~ *which* I ~~had~~ bought yesterday.
② I've read some *of* Nick Hornby's novels and found them easy ~~to read~~, but this book is a bit difficult to ~~get the nuance~~ *fully understand*.
③ ~~Hope~~ *I hope* I won't give up reading this.

134

30 December (Clear) ── *It was clear today.*

① I saw two films, "The Royal Tenenbaums" and "The Man Who Knew Too Much".

② I saw "The Royal Tenenbaums" ~~for~~ three or four times ~~and~~ love the atmosphere throughout the film and every image ~~that~~ can be a good picture itself.
　　　　　　　　　　　　　　　　　　　　　　　― by ―
　　　　　　　　　　　　　　　　　　　I　　　　　which

③ The lesson I learned from "The Man Who Knew Too Much" is "Do not leave your kids with someone you don't really know".

> *by itself* は「それ自体で」

ここは1文にするには長すぎて、わかりにくくなっているようなので、2文にしました。

Q.4 2番目の文で「映画全体を通しての雰囲気と、すべてのシーンが1枚の絵として見てもおもしろいところがすごく好き」と言いたかったんですが、うまく書けませんでした。

A.4 これは、英語でも表現しにくい言い方ですね。I love the atmosphere throughout the film and every single picturesque image. と言うことができます。

---

31 December (Cloudy) ── *It was cloudy today.*
　　　　　　　　　　　― *alone* が後ろにあるから不要

① I was going to spend ~~lonely~~ New Year's Eve alone at home, but my kind coworker invited me ~~going~~ out.　― of
s
② We went to Leminallio (not sure the spelling), Asakusa to eat Soba, a British pub for countdown, a temple to strike a bell and Roppongi to eat and relax.
　　　　　　　　　　　　　　　　the　　　　　　　　the New Year

③ It was like sightseeing in Tokyo and nice to see many different places with fun friends! ~~That~~ was a blast!
　　　　　　　　　　　　　　　　　　It

> *I had a blast!* ともいえます。

Q.5 「大晦日に友だちといっしょに出かけるのを誘ってくれた」の「誘う」はどの単語を使えばいいのでしょうか？無難に **invite** を使ったのですが、他に言い方はないですか？

A.5 このケースでは、invite me out が、いちばんいいと思います。

pon2さん
神奈川県

今まで嫌いだった英語を好きにしたいため、思い切って始めました！

December 25　It was fine.

> **メモ** 20年ぶりくらいの友人からe-mailをもらいました。おたがいどこに住んでいるか知らなかったのですが、私を通勤途中の駅で見かけたとのことで、あまりの偶然にびっくりしました。

① What a coincidence!
② ~~Few~~ A few days ~~before~~ ago, I received an e-mail from my old friend who contacted me after ~~an interval of~~ twenty years or so.
③ She said she ~~saw~~ happened to see me at the station on ~~my~~ her way to the office, although we hadn't known where ~~we live and we moved each other~~ each other had been living.

Q.1 偶然に友人と会ったのは東京ですが、最後に会ったのは山口県だったのです。引っ越したことも、どこに住んでいるかもおたがいに知らなかったのです。そういうことも書きたかったのですが、思うように書けませんでした。上の文に追加して、3文で書くならば、どのように書けばよいのでしょう。

A.1 次のようになります。

- She happened to see me by chance in Tokyo.
- The last time I met her was in Yamaguchi Prefecture.
- We hadn't known when the other person had moved or where they had moved to.

1番最後の行のthey は She and I を指し、we としてしまいそうですが、この場合には they とします。

December 26　It was fine.

① They say ~~The~~ Aloe ~~has~~ [is] good for ~~the~~ burn[s]. ＊that
ここは *ate* を使って、*ate some with yoghurt* ということもできます。 ＊took some of
② ~~I tried it to pack soon and take~~ it with yoghurt.
③ It was really effective against the burn[,] so my finger got well without a blister. ＊healed ともいえます。

▶ I applied some aloe to my burn

Q.2 1文目については。「アロエは火傷に対して、外用だけではなく、服用しても効く」ということを書きたかったのです。辞書を引くと、外用は **pack**、服用は **take** と書いてあったのですが、組み立てられませんでした。

A.2 Aloe is effective when applied externally and when taken orally. とすることもできます。

December 27　It was fine.

メモ　母が山口県から新幹線で来たので、皆で迎えに行きました。

① My mother ~~has come~~ [came] by ~~the~~ Sinkansen from Yamaguchi-ken.
② My sister, her daughter Yuri-chan, my son Akkun and I picked up my mother at ~~the~~ Shin-Yokohama station.
③ It was [a] very cold day[,] [and the] TV ~~says~~ [said] it ~~was~~ snow[ed] in Tokyo.

▶ It was so cold that the TV said it snowed in Tokyo.
とも書くことができます。

Q.3 「東京では雪が降ったと、テレビで言うくらい寒い日だった」と書きたかったのですが、どのように追加するといいでしょうか。

A.3 発想を少し変えて、「とても……だったので〜した」の so...that 〜を使ってみてはどうでしょう。添削例を見てください。

137

December 28　It was fine.

> メモ　息子は、おばあちゃんがうちに泊まるのが待ちきれないようです。母（おばあちゃん）は、妹のうちに泊まっています。

① I stayed home all day cleaning, watching TV and ~~play~~ with my son.　*playing*

② My son ~~looks that~~ could not wait for his grandmother's stay at our home.　*looked like he*

③ (~~Mother have stay in~~ my sister's home now.)
　She is at
　または *She is staying at...*

until his grandmother comes to stay ともいえます。

December 29　It was fine.

> メモ　母は「何回もこちらに来ているけれども、東京らしいところには、一度も行ったことがない」というので、妹と私たちは今度は、母を「東京らしい」と思えるところに連れて行くことにしました。

① My sister's family, mother and my family went to 'Tokyo MILLENARIO' (illumination gates).　*in downtown Tokyo*

② Mother said 'I've ~~visit to~~ here many times, ~~however~~ I've never ~~went to~~ *a* typical ~~attraction of Tokyo~~.'　*visited*　*but*　*gone*

③ So we'll ~~make our mind~~ to take her some 'typical ~~attraction of Tokyo~~' and this was ~~beginnig of it~~.
　decided　*to*　*Tokyo attraction*　*the first one*

illuminated のほうがよい。

Q.4　「……らしい」というのはどう表現すればいいですか？

A.4　この場合、「典型的な……」と考えて、a typical...ということができます。「あなたらしいね」は It is typical of you. といえます。

December 30　It was fine.

> **メモ** 使えるものを捨てるのが嫌いです。それこそが、家の中にものがあふれている原因です、と書いたつもりですが、見直していないので、メチャクチャかもしれません。

We are still doing とも書けます。　　　　　　　　　　　　　　　　*year-end cleaning*

① We've continue 'Nenmatsu oosouji (thorough cleaning)'.

② We hate to throw away still-usable things.　　*we can still use*

③ This is (the very reason) for there are too many things in our house.

why

The is (the reason) why... という言い方は、「これが……の理由だ」と言うときに便利な表現です。

December 31　It was fine.

> **メモ** とても眠かったので、紅白を見ずに寝たいと思いました。ところが息子が「ママ、あっくん紅白好き」とかなんとか、ぺちゃくちゃはしゃぐので、私はすっかり目が覚めてしまいました。ところが、息子は私が目が覚めてしまったのに、2、3分でぐっすり眠ってしまいました。

on　　*go to*

① I was very sleepy today, so I wanted to sleep without watching Kouhaku-utagassen (Japanese TV-show in New Year's Eve).

② But my son has bounce and he yap away for hours, said 'Mother, I like Kouhaku, blah blah blah...'

yapped　　*saying*　　*in*

③ I quite woke, however I found that my son slept soundly at two or three minute or so.

was　　*awake*　　*but*　　*d*　　*was sleeping*

a very famous New Year's Eve music show などともいえます。

②の文は次のようにもいえます。
My son kept saying things like 'I like Kouhaku.'

③の文は次のようにもいえます。
I was awake but my son fell asleep in a few minutes.

Q.5「紅白が好き、とかなんか」といいたいときには、普通はどんなふうに書くのでしょうか？

A.5「……とかなんとか」といいたいときには、よく、things like... と言います。

田中早苗さん
熊本県

英語上達のために英文日記を始めた田中さん。同じパターンの構文しか使えないので、表現の幅を広げたいと思っています。

December 18 (Thursday) Cloudy ── *It was cloudy today.*

① We arrived at Fukuoka airport at 3:55 P.M. and we went to Gubi's house ~~directly~~.

the

② As soon as Gubi heard our voice, she <u>ran here and there</u> about ~~her~~ house.

s

ran all around でもよい

③ It is ~~her expression for her pleasure~~.

showing her pleasure
または
with excitement

how she expresses her pleasure

Q.1 天候表記など今まで考えたこともなかったので、どのように書くのかわかりませんでした。日本語の日記の場合、日付の横に天候を書くので同じようにしましたが、これでいいのでしょうか？

A.1 吉田先生から、センテンスにして書く練習をしてみては、というアドバイスがありました。たとえば、It was cloudy today. のようにです。天候を記する場所は、このままで大丈夫です。位置に特に決まりはありません。

Q.2 2番目と3番目の文について。「グビは、嬉しそうに（喜びながら）家の中を走り回った」と一文で書きたかったのですが、「……しながら」の書き方がわかりません。

A.2 「……しながら」という動作は、添削例の、showing her pleasure のように、動詞の ing 形（現在分詞形）の分詞構文を使って表すことができます。〈くわしくは、p.55 参照〉

December 19 (Friday) (Fine and windy) — *It was fine and windy.*

unpack

① It took all day long to ~~put away my travel goods~~.

② In the ~~intervals of that~~, I had to go to a bank to pay public utility charges and run errands for Fumie.

③ In the evening, I took Gubi out for a walk.

meantime

Q.3 前置詞の使い方がよくわかりません。例えば、「Fumie のための使い」は errand for Fumie なのか to Fumie なのか？ また、in the evening なのか at the evening なのでしょうか？

A.3 前置詞の使い方は確かにむずかしいですね。あまり神経質にならなくても、前置詞が間違っていても意味は通じているものです。
　ただ、気になるときには、辞書を引くときに使用例まで読むと、よく使う前置詞も一緒に載っていることがあります。
　あとは WEB の google で調べてみるということもできます。〈調べ方は、p.31 参照〉
　また、『E-Gate』（ベネッセ刊）という辞書は、図入りで、前置詞・副詞などのコアになる意味がわかりやすく書かれているのでお勧めです。

December 20 (Saturday) (Cloudy) — *It was cloudy today.*

which contains torafugu, a kind of globefish

① I won a prize.

② It was a set of fuguchiri, ~~a kind of a globefish was Torafugu~~.

③ I ~~have eaten~~ torafugu for the first time.

ate

It was the first time I ate torafugu.
ともいえます。

Q.5 「ふぐ」と「とらふぐ」について。辞書には、「ふぐ」が globe-fish、puffer、blowfish、balloonfish で、「とらふぐ」が tiger fugu (globefish) とありましたが、一般的に使われているのはどれですか？ 和英辞書で調べても、通じないことがときどきあります。

A.5 日本に 10 年以上いて、奥さんも日本人というネイティブ・スタッフも知りませんでした。このように、和英辞書で調べたことばをそのまま使ってもネイティブには通じないことがよくあります。特に、一般的でないものの名前などは、そのもの自体を知らないのだから、単語をいわれてもわからないでしょうね。何に使う？　形は？　似ている物で相手が知っていそうなものは？　などと説明するしかないかもしれません。和英辞典は決して万能ではないのです。〈p.22 参照〉

December 21 (Sunday) (Fine) ——— *It was fine today.*

① In the evening, I went to church in Kumamoto to ~~watch and listen to the~~ Christmas concert. *(a / see a)*

② It was so terrific and made ~~me heart-warming~~. *(my heart warm)*
 — *warmed my heart* とも言い換えられます。

③ ~~As soon as~~ I came back home, I ~~was~~ so exhausted. *(After / felt)*

Q.5 「コンサートを聞くために」について。辞書で調べたら、「鑑賞」という事で appreciate とありました。今回、「コンサートは見て聞く」と考え watch and listen としましたが、ネイティブ・スピーカーならどのような言葉を使うのでしょうか？

A.5 普通、go を使うそうです。「コンサートに行った」というときには、went to a concert、あるいは、went to see a concert でいいのではないか、というコメントでした。

Q.6 「コンサートを聞いてとても心が暖まった」と言いたくて、「コンサートは心を暖まらせた」と表現したかったのですが、使役動詞の使い方がどうもよくわかりません。教えてください。

A.6 添削例の made my heart warm の made は、「……をある状態にする」というときに使う make です。使役動詞の用法の make を使って、made me feel good とも言えます。

　使役動詞としての使い方は、「make ＋人＋原形不定詞」で、人が原形不定詞の主語にあたります。「人が……をするように（……の状態になるように）する」。ここでは me、つまり「私が feel good の状態になるようにした）」という意味になります。

December 22 (Monday) (Fine) —— It was fine today.

① I wrote New Year's cards all day long. *(by exchanging New Year's cards)*
② I keep in touch with some friends only ~~it~~ once ~~in~~ a year.
③ As I like to get many cards although writing them is very troublesome, I wrote them as hard as I could.
　　　　　　　　　　　　　　　　　　　└── sincerely

③の文は次のようにするとわかりやすくなります。
I like to receive many cards, so I write them as sincerely as I can although writing them is very troublesome .

書いたときの気持ち次第で、現在形、過去形、どちらでもあり得ます。

Q.7　「年賀状を書いた」と言うときの「年賀状」は、**a New Year's card** ですか？ **New Year's cards** ですか？

A.7　card は数えられる名詞です。何枚も書いたのでしょうから、cards と複数形にします。

Q.8　「一日中、年賀状を書いていた」は、日本語では進行形のように感じますが、英語でも進行形にするのでしょうか？

A.8　「ずっと……していた」という意味は、all day long で出ています。ネイティブ・スタッフによれば、wrote とすると、年賀状を書き終わってしばらく時間がたって、夜遅くに日記を書いているような感じがするそうです。一方、was writing とすると、年賀状を書き終わってまだ間がない時間帯、夕方くらいに日記を書いているような感じを受けるそうです。〈時の表し方は *p.28* からを参照〉

Q.9　ふたつめの文について。「年に一度年賀状だけでつながっている友だちもいる」という内容を書きたかったですが、うまい構文が思いつきませんでした。どのように考え、どのように表現すればいいのでしょうか？

A.9　「つながっている」を「連絡を取りあっている」と解釈して、keep in touch with …を使い、I keep in touch with some friends only once a year by exchanging New Year's cards. とすれば、どうでしょう。

December 23 (Tuesday) Fine —— *It was fine today.*

① I got many Christmas presents from my friend. —— *left*
② ~~It passed more a year~~ since he ~~came to~~ his hometown.
③ However, I was moved ~~it that~~ he ~~doesn't~~ forget me.
　　　　　　　　　　　　　　　　　　　— *didn't*

It had been more than a year

　　　　　　　　　　— *because*

> **Q.10** 3番目の文章について。「（一年以上会っていないのに）しかしながら、彼は私のことを思いだしてくれて嬉しかった。」と書きたかったのですが。「思い出してくれて」は、**He remembers me.** でいいのでしょうか？

> **A.10** OKです。ただし、文脈上は過去形で、He remembered me. とします。ただ、この表現に自信がなかったときに、かわりに、He didn't forget me. とできるのなら十分です。

> **Q.11** 日本語をそのまま英訳すると、**However, I was moved...** となりますが、英文で考えると、「しかしながら嬉しかった」となり、私には違和感があるように思えますが、おかしくないですか？

> **A.11** 添削した4人のネイティブ・スピーカーは、特におかしくは感じなかったようです。movedのかわりにhappyも用いることができます。

December 24 (Wednesday) Fine —— *It was fine today.*

① I had a Christmas party potluck tonight.
② I was thinking of ~~cooking~~ "Santa Claus of Strawberry" because it seemed easy.
　　　　　　　— *making a Strawberry Santa Claus*
③ ~~But~~, as soon as I began to ~~cook~~ it, I ~~got~~ it was ~~very~~ difficult for me.
　　　　　　　　　　　　　　　　　　　　　　— *too*
　　　　　　　　　　　　make
　　However　　　　　　　　　　　*realized*

> **Q.12** 「お菓子（**Strawberry Santa Claus**）を作る」の「作る」は、**cook** ですか、**make** ですか？

> **A.12** Strawberry Santa Clausなどといった、お菓子を作るのは make です。cook は cook a meal、cook dinner など、煮炊きする料理を作るときに使います。

第4章
お役立ち表現リスト

日記に書きたい言葉や表現があっても、すんなりと英語が出てこない場合があります。ここでは、英語にしにくいと思われる表現をリストアップしています。書いているときに行き詰まったら、ぜひ参考にしてください。

- 年間行事 …… 146
- 天気 …… 152
- 病気・けが・症状 …… 157
- 感情表現 …… 162
- 日々の生活 …… 172

年間行事

⛄ JANUARY

元日	New Year's Day
成人の日	Coming-of-Age Day
Martin Luther King, Day（米）	キング牧師誕生日
The Chinese New Year（中）	中国正月
きょうは**元旦**だ。	It is **New Year's Day** today.
初日の出を見に行った。	We went to see **the first sunrise of the year**.
初詣にいった。	We **worshipped at a shrine for the first time this year**.
おせち料理を作った／食べた。	We prepared/had a **special New Year's meal**.
はねつきをした。	We played *hanetsuki*, battledore.
書き初めをした。	We wrote traditional *kakizome*, New Year's calligraphy.
カルタで遊んだ。	We played Japanese *karuta*, card games.
百人一首をした。	We played *hyakunin-isshu*, a classic Japanese poetry card game.
お年玉もさすがに今年で最後だ。	This is the last year I'll be young enough to receive *otoshidama*, the traditional New Year's money gift.
新年会があった。	We had a **New Year's party**.
餅つきをした。	We had a *mochitsuki*, rice pounding party.
お餅を焼いた。	We grilled **rice cakes**.
振り袖は窮屈だった。	The *furisode*, kimono with long hanging sleeves for **unmarried girls** was very tight.
お汁粉がとてもおいしかった。	The *oshiruko*, hot sweet bean soup with rice cakes was really good.
大相撲が始まった。	The sumo tounament has started.
寒くて**こたつ**から出られなかった。	It was too cold to get out from **the kotatsu**

FEBRUARY

建国記念日	National Foundation Day
節分*	The day before the first day of spring
立春*	The first day of spring
Presidents' Day（米）	大統領の日
Groundhog Day（米）*	聖燭祭
Valentine's Day（米、英）*	バレンタインデー
きょうは節分で**豆まきをした**。	We **threw beans** for the *setsubun* ceremony.
イチゴ狩りに行った。	We went **strawberry picking**.
義理チョコすらもらえなかった。	I didn't even get/receive any *giri choko* obligation chocolate

MARCH

春分の日	Vernal Equinox Day
桃の節句 / ひな祭り*	Girls / Doll's Festival
St. Patrick's Day（米、英）	聖パトリック祭
Commonwealth Day（英）*	英連邦記念日
Mothering Sunday（英）*	母の日
Shrove Tuesday / Pancake Day（英）*	キリスト教断食期間前日
おひなさまを飾った。	We decorated with **dolls** for the *Hinamatsuri*, **Girls Festival**.
甘酒を飲んだ。	I had *amazake*, **a hot sweet sake drink**.
卒業式に出た。	I attended **a graduation ceremony**.

APRIL

昭和の日	Showa Day

Good Friday（米、英）	聖金曜日
Easter Sunday（米、英）	復活祭
Easter Monday（英）	復活祭の翌日
April Fool's Day（米、英）*	エイプリルフール
家族でお花見に行った。	Our family went **cherry blossom viewing**. / I went to **see cherry blossoms** with my family.
（学校／大学の）**入学式**に出た。	I attended **(the school's/college's) entrance ceremony**.
（小学校1年生が歩いているのはまるで）ランドセルが歩いているようだった。	It looked as if the backpacks were walking by themselves, because they were so big that they hid the first graders' bodies.
新学年が始まる。	**A new school year** is starting.
新学期が始まった。	**A new school term** has started.
中学入試のために子どもを**進学塾**に行かせた。	My child has started going to **a cram school** to prepare for **junior high schools entrance exams**.

MAY

憲法記念日	Constitution Day
みどりの日	Greenery Day
こどもの日	Children's Day
母の日*	Mother's Day（日、米）
Memorial Day（米）	戦没者追悼記念日
May Day（英）*	メーデー
鯉のぼりを飾った。	We put up *streamers shaped like carp for Children's Day*.
潮干狩りに行く	**shell(fish) gathering** (in early May) / going to **gather shellfish** at the beach

JUNE

父の日*	Father's Day（日、米、英）
Flag Day（米）	星条旗記念日

父の日に夕食をご馳走した。	I treated my father to dinner on **Father's Day**.
雨が続いて洗濯物が全然乾かない。	Washed clothes can never be dried because of **the continuous rain**.

☀ JULY

海の日	Marine Day
七夕*	Star Festival
Independence Day（米）	独立記念日
梅雨が明けた。	**The rainy season** is over.
七夕の飾り付けをした。	We put up decorations for *Tanabata*/the Star Festival.
短冊に願いを書いた。	We wrote wishes on **paper strips/cards**.
お中元を贈った。	I sent **summer/midyear gifts**.

🍉 AUGUST

お盆	The Bon Festival
花火大会に行った。	I went to see **fireworks**.
浴衣を着た。	I wore a *yukata*, casual summer kimono.
屋台で金魚すくいをした。	**I tried to catch goldfish** at a stall at the festival.
屋形船に乗った。	I went on **a pleasure boat tour**.
青森に帰省した。	**I went home** to Aomori for the vacation.
きょうは立秋だ。	Today is **the first day of fall**.
きょうは夏の高校野球の最終日だった。	Today was the final day of **the annual high school summer baseball tournament**.

🎏 SEPTEMBER

敬老の日	Respect-for-the-Aged Day
秋分の日	Autumnal Equinox Day

Labor Day（米）	労働者の日
Patriot Day（米）*	愛国記念日
Constitution Day（米）*	憲法記念日
お月見をした。	We had a moon-viewing party.
サバの味噌煮、サンマの塩焼きが恋しい。	I miss stewed saba/mackerels with soybean paste and grilled sanma/sauries.
かつおのたたきがおいしかった。	The *Katsuo-no-tataki*, seared bonito was really good. / I enjoyed the seared bonito.

🎃 OCTOBER

体育の日	Sports Day
Columbus Day（米）	コロンブス記念日
Halloween（米）*	ハロウィーン
家族が運動会の応援にきた。	My family came to cheer at the annual sport festival.
紅葉狩りに行く	viewing autumn/fall leaves/foliage / going to see the autumn leaves

🍁 NOVEMBER

文化の日	Culture Day
勤労感謝の日	Labor Thanksgiving Day
七五三*	*Shichi-go-san* Festival
Veterans Day（米）	復員軍人の日
Thanksgiving Day（米）	感謝祭
Guy Fawkes' Day（英）*	ガイ・ホークスの日
Remembrance Day（英）*	英霊記念日
こどもの七五三のお祝いをした。	We celebrated our children's *Shichi-go-san* Festival, a traditional shrine visit for children aged seven, five and three.
庭でたき火をした。	We had a bonfire in our garden.

DECEMBER

天皇誕生日	The Emperor's Birthday
大晦日	New Year's Eve
Christmas Eve（米、英）	クリスマスイブ
Christmas Day（米、英）	クリスマス
Boxing Day（英）	ボクシング・デー
お歳暮を贈った。	I sent **year-end gifts**.
きょうは**仕事納めの日**だった。	Today was **the last working day of the year**.
忘年会があった。	We had **a year-end party**.
2学期の**終業式**があった。	We had **a closing ceremony** for the second term.
きょうから**冬休み**だ。	**Winter vacation** starts today.
通知票の成績が悪くて残念だ。	I am disappointed with the grades on **my report card**.
6日後は**クリスマス**だ。	We have six days until **Christmas**.
クリスマスケーキを**予約した**。	I **ordered/reserved** a Christmas cake.
今年のクリスマス・イブも**ひとり**か……。	It looks like I'll be spending Christmas Eve **alone / by myself** again this year.
クリスマスは好きなので、**終わって欲しくない**。	Christmas is my favorite time of year, and I **don't want it to end**. / I wish Christmas **would last forever**.
もうすぐ**正月**だ。	**New Year's Day** is just around the corner.
コンピュータで**年賀状**を作って印刷した。	I made my **New Year's greeting cards** on my computer and printed them out.
年末の大掃除をした。	I did **year-end housecleaning**.
これで**気持ちよく新年**が迎えられる。	Now I'm able to start **the new year afresh**.

★ 国民の祝日以外の祭日

天気

☀ 晴れ　sunny

きょうは**晴れ**だった。	Today was **sunny**.
きょうは**いい天気**だった。	We had **fine/fair/nice weather** today.
空は**快晴**だった。	We had a **clear** sky.
太陽がよく照っていた。	We had lots of **sunshine**.
日差しが強かった（明るかった）。	**The sunlight** was strong (bright).
嵐の後に**青空**が出た。	**A blue sky** appeared after the storm.
晴れてきていた。	The sky **was clearing**.
晴れのち曇りだった。	It started sunny, but it **got cloudy later**.
晴れ、一時雨だった。	It was mostly sunny **with a little/occasional rain**.
晴れ時々曇りだった。	It was sunny **with a few/scattered clouds**.

☁ 曇り　cloudy

薄曇りだった。	It was **a little/partly cloudy**.
どんよりした曇りだった。	It was **overcast**.
どんよりしていた。	It was a **dull** day. / It was **dull**.
雲が出てきた。	Clouds **gathered**. / **It got cloudy**.
暗く厚い雲が出ていた。	**Dark and thick clouds** gathered in the sky. / The clouds were **dark and low**.
曇りのち雨だった。	It was cloudy **followed by rain**. It was cloudy and **then started raining**.
時々曇りだった。	It was **partly cloudy**.
曇り時々雨だった。	It was cloudy **with some/scattered showers**.
曇り一時雨だった。	It was mostly cloudy **with a little/occasional rain**.

空に薄雲が出ていた。	There were **thin clouds** in the sky.

☂ 雨　rainy

きょうは**雨**だった。	It was **rainy** today. / Today was **rainy**.
きょうは雨が**降っていた**。	It **was raining** today.
雨が**結構**降っていた。	We had **lots of rain**. / It **was pouring**.
小雨が降っていた。	We had **some light rain**. / It was **drizzly**.
小雨が降り始めた。	It **started to drizzle**.
午後**にわか雨**が降った。	We had **some showers** in the afternoon.
午後**どしゃぶり**にあった。	We had **a heavy shower/rainfall** in the afternoon.
雷雨にあった。	We were caught in **a thunderstorm**.
雨が降る**かもしれない**。	There is **a chance of rain**. / It **may start raining**.
洪水で床が浸水した。	The floor became **flooded**.
洪水警報が出された。	**A flood warning** was issued.
大雨警報は解除された。	**The heavy rain warning** was lifted.

❄ 雪　snowy

雪が降っていた。	It **was snowing**.
きょうは雪だった。	It was **snowy** today. / Today was **snowy**.
大雪だった。	We had **a heavy snowfall**.
記録的な大雪だった。	We had **a record snowfall**.
みぞれ混じりの雪だった。	The snow was mixed with **sleet**.
雪が1メートル**積**もった。	**We had** one meter of snow.
雪が積もっていた。	It **was covered with** snow.

雪は積もらずに溶けていった。	Snow had melted into slush.
大きく湿った雪だった。	The snowflakes were **large and wet**.
雪は雨に変わった。	The snow **turned to rain**.
この冬、はじめて雪が降った。	It snowed **for the first time** this winter.
少しだけ雪が積もった。	There was **a thin layer of snow** on the ground.
願いがかなって、きょう雪が降った。	It snowed, **just as I had wished/hoped**.

💧 霧、湿気　fog, humidity

霧が出ていた。	It was **foggy**.
霧が濃かった。	There was a **thick** fog.
霧が出て湿った朝だった。	It was a **damp** and foggy morning.
濃霧警報が出された。	A **dense fog warning** was issued.
もやのかかった朝だった。	It was a **misty** morning.
湿気でじめじめしていた。	It was **humid/muggy/sticky/wet**.
乾燥していた。	It was **dry**.

🍃 風　wind

風が強かった。	It was **windy/breezy**.
強風が吹いた。	**A gust of wind** blew. / We had **strong wind**.
嵐のような日だった。	It was a **gusty** day.
強風注意報が出された。	A **heavy wind warning** has been issued.
冷たい突風が吹いた。	A **biting wind** whipped through.
強い北風が吹いた。	A strong **north wind** was blowing. There was a strong **north wind**.
気持ちのいいそよ風だった。	I enjoyed the **breeze**.

🌡 気温　temperature

きょうは暑かった。	It was **hot** today. / Today was **hot**.
茹るほど暑かった	It was **boiling** hot.
焼けつくほど暑かった。	It was **scorching**.
熱帯夜だった。	It was **a sultry night**.
寒い一日だった。	It was a **cold/chilly** day.
すごく寒かった。	It was **freezing**.
暖かい天気だった。	We had **warm/mild** weather.
涼しくなってきた。	It is getting **cooler/more comfortable**.
外気は凍るほど冷たかった。	The air was **frosty**.
最高気温は平均値を超えた。	**Today's high temperature** was well above average.
最低気温は０度まで下がった。	Today's low temperature was down to **zero/freezing**.
寒波がこの地域を襲った。	**A cold wave** hit our area.
熱波で川が干上がった。	The river dried up during **the heat wave**.
寒冷／温暖前線が通過している。	**A cold/warm front** is passing through.
暖冬だった。	We had **a mild winter**.
（寒さの)**体感温度**はマイナス２度だった。	**The windchill** was -2 degrees.
手がしもやけになりそうなほど寒かった。	It was so cold that I almost **got frostbite** on my fingers.

🌈 その他

日の出は午前６時だった。	**Sunrise** was at 6 a.m.
日の入りは午後７時だった。	**Sunset** was at 7 p.m.
夜明けに起きた。	I woke up at **dawn**.

嵐の後に二重の虹が出た。	A double rainbow appeared after the thunderstorm.
台風がきている。	A typhoon is approaching.
雷が鳴っていた。	It was thundering. / There was thunder.
稲妻が塔に落ちた。	Lightning struck the tower.
梅雨が明けた。	The rainy season is over.
午後にひょうが降った。	It hailed this afternoon. / There was hail this afternoon.
雨の少ない夏だった。	We had a dry summer.
渇水が続いている。	We've been having drought-like conditions.
けさ霜が降りた。	There was frost in the morning.

病気、けが、症状

病気　illnesses, diseases

風邪をひいた。	I caught **a cold**.
肺炎で病院に運ばれた。	I was admitted to the hospital with **pneumonia**.
医者に**気管支炎**と診断された。	The doctor diagnosed me with **bronchitis**.
インフルエンザにかかった。	I'm coming down with **the flu**.
彼は**糖尿病患者**だ。	He is **a diabetic**.
彼女は**肺がん**を患っている。	She is suffering from **lung cancer**.
虫歯があったので歯医者へ行った。	I went to the dentist because I had **tooth decay**.
うつ病でセラピストにかかっている。	I've been seeing a therapist for **depression**.
ウイルス／病気をうつされた。	I **was infected with a virus/disease**.

けが　injuries

腕を**火傷**した。	I've **burnt** my arm.
指を**切った**。	I've **cut** my finger.
足を**骨折**した。	I **broke** my leg.
足首を**捻挫**した。	I **sprained** my ankle.
膝をぶつけて**あざ**ができた。	I hit my knee and got **a bruise**.
蚊に**刺された**。	I got a mosquito **bite**.
擦り傷に絆創膏を貼った。	I put a bandage on **the scratch**.

症状　symptoms

頭痛がした。	I had **a headache**.
腹痛がした。	I had **a stomachache**.

偏頭痛を患っている。	I've been suffering from **a migraine**.
食後に**消化不良**で苦しんだ。	I suffered **indigestion** after the meal.
脂っぽい食事をして、**胸やけ**がした。	I had **heartburn** from eating greasy food.
熱で**筋肉痛**がする。	I have **muscle pain** because of my fever.
傷口から**出血**した。	The cut started **bleeding**.
一日中**せきをしている**。	I've been **coughing** all day.
鼻水でティッシュペーパーが必要だ。	I need a tissue for my **runny nose**.
鼻づまりでにおいがしない。	I can't smell because of my **stuffy nose**.
くしゃみが止まらなかった。	I couldn't stop **sneezing**.
喉が痛くてミントの喉飴をなめた。	I took a mint lozenge for my **sore throat**.
肩こりでマッサージが必要だ。	I need a massage for my **stiff shoulders**.
試合のあと**腰痛**だった。	I felt **back pain** after the game.
生理痛にハーブで治療をしている。	I'm taking a herbal remedy for my **PMS**.
食中毒で**下痢**になった。	My **diarrhea** was caused by food poisoning.
便秘で悩んでいる。	I've been suffering from **constipation**.
幼児期に**ぜんそく**にかかっていた。	I had **asthma** when I was a child.
動物**アレルギー**がある。	I am **allergic** to animals.
鼻血が出た。	My **nose started bleeding**.
高熱があった。	I had **a high fever**.
高血圧で特別食をとっている。	I'm on a special diet for **high blood pressure**.
吐き気がした。	I felt **nauseous**.
けさ**吐いた**。	I **vomited** this morning.

電車の中で**めまいがした**。	I **felt dizzy** in the train.
不眠症の治療を受けている。	I've been treated for **insomnia**.
心臓発作で病院に運ばれた。	I was taken to the hospital after having **a heart attack**.
発熱で**寒気がした**。	My fever made me **shiver**.
日射病を防ぐために帽子をかぶった。	I wore a hat to prevent **sunstroke**.
魚を食べて**湿疹**が出た。	I developed **a rash** after eating fish.
ニキビで皮膚科に行った。	I went to the dermatologist for my **acne**.
暑さで**気を失った**。	I **fainted** from the heat.
脱水症状になった。	I've **been dehydrated**.
インフルエンザで**食欲がなくなった**。	I **lost my appetite** because of the flu.
突然、**発作**が起きた。	I was attacked by a sudden **seizure**.
頭をぶつけて、**こぶ**ができた。	I hit my head and got **a lump**.
転んで膝が**腫れた**。	My knee started **swelling up** after the fall.
歩いて足が**痛い**。	My feet **hurt** after walking.
痒いところを引っ掻いた。／背中が**痒い**。	I scratched **the itch**. / My back **itches**.
二日酔いになった。	I got **a hangover**.
ホームシックになった。	I got **homesickness**.

✚ 病院、健康診断、検査、治療

けさ**健康診断**を受けた。	I had **a medical checkup** this morning.
血圧を下げるために薬を飲んだ。	I took medicine to lower my **blood pressure**.
看護師が**体温、血圧、脈拍**などをはかった。	The nurse checked my **vital signs**.
血液検査の結果は陰性だった。	The result of **the blood test** was negative.

内科医は咳止めを処方した。	My **physician** prescribed medicine for my cough.
視力回復の**外科手術**を受けた。	I had **surgery** to fix my poor eyesight.
歯科医院へ定期検診を受けに行った。	I went to **the dental clinic** for a regular checkup.
皮膚科の予約をとった。	I made an appointment with **the dermatologist**.
眼科へ行った。	I went to see **an eye doctor/ophthalmologist**.
息子を**小児科**に連れて行った。	I took my son to **the pediatric hospital**.
来週、心臓の**手術**を受ける。	I am having heart **surgery** next week.
医者は熱を下げるために**注射**を打った。	The doctor gave me **a shot** to reduce my fever.
インフルエンザの**予防注射**をした。	I **was vaccinated** for the flu. / I had **a flu shot**.
足首を脱臼して**ギプス**をはめられている。	I dislocated my ancle and it's covered by **a cast**.
絆創膏はその傷には小さかった。	**The plaster** was not big enough to cover the wound.
歯列矯正器をはめた。	I got **braces** on my teeth.

🔵 薬

薬局に**処方箋**を持っていった。	I took **the prescription** to a pharmacy.
抗生物質による副作用が起きた。	I had some side effects from taking **the antibiotic**.
夕食後に**頭痛薬**を飲んだ。	I took some **pills for** my **headache** after dinner.
切り傷に軟膏を塗った。	I applied some **ointment** to the cut.

🚑 その他

2時に医者の**予約**をとった。	I made a doctor's **appointment** at 2 p.m.
その歯科治療に、**私の健康保険はきかなかった**。	The dental treatment **was not covered by my health insurance**.
1カ月**入院**した。	I **was hospitalized** / I was an inpatient / I was in the **hospital** for a month.
医者は潰瘍と**診断した**。	The doctor **diagnosed** me as having an ulcer.

高熱で**病院に運ばれた**。	I **was taken to the hospital** with a high fever.
医者は痛み止めを**処方した**。	The doctor **prescribed** me a pain killer.
水まくらを作った。	I **made / prepared** a **water pillow**.
医者に行く気力もない。	I don't even have **the energy / will to go to the doctor**.
体温計で**体温を測った**。	I **took** my **temperature** (with a thermometer).
解熱剤を飲んで熱が下がった。	I took **fever medicine**, and my temperature went down / my fever broke.
足が**むくんだ**。	My leg(s) **got / became swollen**. / My legs **swelled up**.
頭が**クラクラ**した。	I was (really) **dizzy**. / My head **was spinning / swimming**.
冷や汗をかいた。	I broke out in **a cold sweat**.
血の気が引いた。	I went **pale / completely white**.
肌が**ひりひり**した。	My skin **hurt / burned**.
包丁で**指を切った**。	I **cut my finger** with a (kitchen/carving) knife.
体力の衰えを感じた。	I felt **my strength leaving me / declining**.
意識がもうろうとした。	I **wasn't fully conscious**.
冷たい水が歯にしみた。	The cold water **hurt my tooth**.
ズキズキする痛みがした。	I had **a sharp / shooting pain**.
アトピー性皮膚炎が悪化した。	My **atopic dermatitis** got worse.
どうやら**夏バテ**になってしまったらしい。	It seems like I've got / come down with **summer fatigue**.

感情表現

♥ 喜

最高！	Excellent! / I love it!
やった！	I did it! / I made it!
すごい！	Awesome! / Great! / Yeah! / Wow!
ヤッホー！	Hooray!
うれしい！	I'm on cloud nine! / I'm on top of the world!
感動した！	I was impressed.
感激した！	I was really moved / excited.
感無量だ！	I feel so emotional!
よくやった！	Well done! / Good Job! / Way to go! / Nice work! / Atta boy! (Spoken to a child or a dog)
素晴らしい！	Brilliant! / Wonderful! / Fantastic!
夢のようだ！	It's like a dream.
うれしすぎる！	I'm incredibly happy.
うれしさでいっぱいだった。	I was filled with joy.
涙が出るほどうれしかった。	I was so happy that I almost cried.
春が来てとてもいい気分だ。	I feel great that spring has arrived.
人生で最も幸せな時だった。	It was the happiest moment of my life. / I'd never felt so happy in my life.
彼の突然の訪問はうれしかった。	I was delighted by his surprise visit.
その知らせを聞いてうれしかった。	I was happy to hear the news.
おなかいっぱい食べられて満足だ。	I feel full and contented.

健康でいられて**とても感謝している**。	I'm **really thankful** that I am healthy.
その会社に採用され**とてもうれしい**。	I'm **very pleased** that I was hired by the company.
息子が大学に受かって**とてもうれしい**。	I'm **proud** that my son got accepted into the university.
彼が回復していると聞いて**うれしかった**。	I **was glad** to know that he was recovering.
こんなにもいい友だちを持って、**本当にうれしい**。	I'm **so grateful** to have (I **really appreciate** having) such great friends.
私は世界で**いちばん幸運な**人間に違いない。	I **must be the luckiest** person in the world.
その知らせを聞いて**うれしさのあまり飛び上がった**。	I **jumped with joy** when I heard the news.
あまりにもうれしくて、どう表現したらいいのかわからない。	I **don't know how to express how happy** I am.

💙 怒

最低！	That's **disgusting**!
最悪！	What **a horrible thing** to do!
キレそう！	I **can't stand** it!
むかつく！	It really **bugs me**.
イライラする！	That's **frustrating**! / That's so **irritating**.
信じられない！	I **can't believe** it!
もう顔も**見たくない**！	I **never want to see** him / her again!
無性に**腹が立った**。	I don't know why I **was** so **frustrated**.
学校の成績に両親は**怒った**。	The grades on my school report **upset** my parents.
あんなことをするなんて最低！	**How dare** she do that to me!
彼にはもう二度と**会いたくない**。	I **don't want to see** him ever again.
その女性の態度に**腹が立った**。	I **was annoyed** by the woman's attitude.
彼の怠け癖はまったく**癇に障る**。	His laziness is really **getting on my nerves**.

高い治療費にとても**腹が立った**。	I was so **disgusted with** the cost of the treatment.
考えただけでも本当に**腹が立つ**。	It really **burns me up** just thinking about it.
わがままな息子の態度に**頭にきた**。	I got **furious** at my son's selfish behavior.
機嫌が悪くて誰にも会いたくなかった。	I was **in a bad mood** and I didn't want to see anybody.
彼のダラダラとした愚痴に**イライラした**。	His constant complaining **made me sick**.
その客の文句についに**キレてしまった**。	I finally **lost patience** with the customer's complaints.
うちの母親には**イライラさせられ**ている。	My mother has **been driving me crazy**.
友だちのぐうたらさに**イライラさせられた**。	I was **irritated by** my friend's laziness.
彼の私に対する態度にはまったく**我慢ならない**。	I just **cannot stand** the way he always treats me.
あまりにも**腹が立って**、彼に怒鳴ってしまいそうだった。	I was **so angry/mad that** I almost shouted at him.

💧 哀

涙が止まらなかった。	I **cried my eyes out**.
ヒロインの死に**号泣した**。	I **sobbed / cried / wept out loud** when the heroine died. / When the main character died, I cried / wept uncontrollably.
こんなにつらいとは思わなかった。	I didn't think it would be **this hard / tough**.
それを考えるのは**あまりにもつらい**。	It's **too painful** to think about.
彼女からの手紙を読んで**悲しくなった**。	Her letter **broke my heart**. / The letter I received from her broke my heart.
こんなに悲しいことはいままでなかった。	I'd **never felt so sad** in my life.
ペットの犬が死んで胸が張り裂けそうだ。	I'm **heartbroken** about my dog dying.
その映画のラストシーンで**ホロっとさせられた**。	I **got emotional** during the film's last scene.

残念だ

学校の劇で主役がもらえず**残念だ**。	**It's a pity that** I couldn't get the lead role in the school play.
クリスマスにうちへ帰れなくて**残念だ**。	**It's too bad that** I can't go home for Christmas.

サブロウさんのお母様が亡くなって**残念だ**。	**I regret** to hear that Saburo lost his mother.
ケイコさんが仕事を辞めると聞いて**残念だった**。	**I was sorry** to hear that Keiko was quitting her job.
残念ながら、旅行をキャンセルせざるを得なかった。	**Unfortunately**, we had to cancel the trip.

傷ついた

傷ついた。	**I feel rejected**.
チームから外されて**傷ついた**。	**I was hurt** to be cut by the team.
友だちに言われたことで本当に**傷ついた**。	What my friend said to me really **hurt me**.
彼が彼女と結婚していたなんて**ショックだ**。	**I can't believe that** he is married to her.

落ち込んだ

憂鬱だ。	**I feel rotten**.
落ち込んでいる。	I'm really **down** in the dumps.
面接の後、**落ち込んだ**。	I felt **discouraged** after the interview.
落ち込んで、食欲もなくなった。	I'm feeling **down** and I've lost my appetite.
レストランの料理に**がっかりした**。	I was **disappointed with** the food at the restaurant.
銀行口座の残高を見て**ガックリきた**。	I was **devastated** to see the balance of my bank account.
競争に**打ちのめされたような気分だ**。	I am feeling **defeated** by the competition.
どんよりした天気で**気が滅入っている**。	The gloomy weather is making me **feel depressed**.
落ち込んで、もうがんばる気にはなれない。	I feel **dejected** and don't want to try again.
なんで私にこんなことが起こったのか**わからない**。	**I don't know why** it happened to me.
彼女のひとことで、彼はかなり**落ち込んでいるようだ**。	It seems like he's **depressed** because of what she said.

寂しい

切なくなった。	It made me **sad**.

新しいクラスで**孤独**だった。	I **felt alone** in the new class.
彼に会いたいのに**会えなくて寂しい**。	It **makes me sad** that I can't see him. / I **miss** him.
彼が行ってしまったら**さみしくなる**だろう。	I will **feel lonely** after he leaves.
卒業後はクラスメイトと**離れてさみし**くなるだろう。	I will **miss** my classmates after graduation.

楽

楽しい

映画は**とても楽しかった**。	I **enjoyed** the movie **a lot**.
楽しいパーティだった。	It was a **great** party.
友だちとのテニスは**とても楽しかった**。	It **was so much fun** playing tennis with my friend.
エミとのカフェでのおしゃべりを**楽しんだ**。	I **had a great time** talking with Emi at the café.
彼女のインド旅行の話に**引き込まれた**。	I **was fascinated** to hear about her trip to India. / It **was fascinating** to hear about her trip to India.
大笑いして、おなかが痛くなった。	I **laughed so hard/much** my stomach hurt.
おもわず微笑まずには/笑わず**にはいら**れなかった。	I **couldn't help** smiling/laughing.

楽しみだ、わくわくしている

あす友だちとカラオケに行くのが**楽しみだ**。	I'm **excited about** going to karaoke with my friends tomorrow.
夏休みが**待ち遠しい**。	I **can't wait for** (the) summer vacation.
同窓会で昔の友だちに会うのが**楽しみ**だ。	I'm **looking forward to** seeing my old friends at the reunion.
外国の文化や人々について知るのは**楽しい**。	I'm **fascinated** by foreign cultures and people.
来週から始まる新しい仕事に**ワクワク**している。	I'm **thrilled about** starting my new job from next week.

その他

ほっとした

助かった！	Thank God!

はー、ふう。	Phew...
レポートが終わって**ホッとしている**。	**I am relieved to** have finished the report.
彼女の声を聞いているだけで**癒される**。	Just hearing her voice makes me **feel better**.
彼女が淹れてくれた紅茶に**心まで温まった**。	The cup of tea she made me **warmed me to the soul**.
お風呂に入っているときが、**いちばんリラックスできる**。	**I feel most relaxed** when I'm taking a bath.
心身ともに**リフレッシュ**した。	I feel / felt **physically and mentally refreshed**.
たくさん買い物をして、**気分がすっきり**した。	I did a lot of shopping and **forgot about my problems**.

不安だ、心配だ

失業中で**不安だ**。	**I'm feeling insecure about** not having a job.
試験結果が**心配だ**。	**I'm worried about** the test result.
あすの試験が**心配だ**。	**I am anxious about** tomorrow's exam.
締切に追われて**胃が痛い**。	I'm so nerves about the deadline, **my stomatch hurts**.
緊張して**腰を抜かしそうになった**。	I was so nervous I **could hardly stand (up)**.
彼女が包丁を持つと**ハラハラする**。	I **hold my breath** every time she picks up a kitchen knife.
新入社員のミスに**ヒヤヒヤさせられた**。	The new employee **made me nervous** with his mistakes.
見知らぬ道に迷い込んで、**不安になった**。	I got lost on a strange street and **felt apprehensive**.
友人のひとりが結婚して、自分も焦りを感じた。	One of my friends got married, so now **I feel impatient / pressure** to get married myself.
携帯を自宅に忘れたので、**なんだか落ち着かない**。	I left my cell phone at home, so **I feel kind of uneasy**.

こわかった

鳥肌が立った。	I had **goosebumps**. / It gave me goosebumps.
彼の目つきが**怖かった**。	The look in his eyes **scared me**.
この小説の結末は、**おそろしかった**。	The ending of this book was **terrifying**.

橋の上から川を見て、**足がすくんだ**。	I looked down at the river from the bridge and felt **weak in the knees**.
そのニュースを聞いて、**全身が震えた**。	The news made me **tremble all over**.
暗いところをひとりで歩くのは**怖かった**。	I **was afraid of** walking in the dark alone.
いきなり叫び声が聞こえて、**心臓がバクバクした**。	Suddenly there was a loud cry / a shout, and **my heart did a flip-flop**.

やる気がない、面倒だ

バイトに行くのが**かったるい**。	**It's a drag / a pain** to (have to) go to work (at my part-time job).
きょうは学校に行く**気がしなかった**。	I **didn't feel like** going to school today.
いつもいつも同じ仕事で**飽きている**。	I **am getting bored** with my routine work.
きょうは外食する**気分ではなかった**。	I **wasn't up to** eating out today.
毎朝朝食の用意をするのは**もうイヤだ**。	I'm **sick of** preparing breakfast every morning.
頑固な上司のために働くのは**もうイヤだ**。	I'm **fed up with** working for my stubborn boss.

疲れた

くたびれ果てて、早く寝た。	I **got really exhausted** and went to bed early.
長い一日で**くたびれ果てた**。	It's been such a long day, and **I'm worn out**.
とても**疲れて**宿題はできなかった。	I was **too tired to do** my homework.
6時間もベビーシッターをして**疲れた**。	I **got weary** after babysitting for six hours.
都会に住んでいることに**疲れを感じている**。	I'm **getting tired of** living in the city.
完全に**やる気を失って**、どうしたらまたやる気になれるのかわからない。	I totally **lost my motivation** and I don't know how to get motivated again.

恥ずかしい

恥ずかしい！	It was so **embarrassing**! / **Shame on me**!
ミスで**恥ずかしい**思いをした。	I was **embarrassed by** my mistakes.
仕事の能力の低さが**恥ずかしい**。	I am **ashamed of** my lack of job skills.

クラスの前で発言するのはいつも本当に**恥ずかしい**。	I always **get** very **shy** when I have to speak in front of the class.

惨めだ

この仕事の現状は**絶望的だ**。	I **am hopeless** about my terrible work situation.
彼女が去ってしまって以来**惨めだ**。	I've **been miserable** since my girlfriend left.
クリスマスをひとりで過ごすのは**寂しすぎる**。	I'm **too sad to** spend Christmas alone.

驚いた

その車の事故を見て**ぞっとした**。	I **was horrified** to see the car accident.
もう少しで犬に襲われそうになって**驚いた**。	I **was terrified** when the dog almost attacked me.
友だちが病院に運ばれたと聞いて**ショックだった**。	I **was shocked** to hear that my friend was taken to the hospital.

大変だ

まったくなんて日なんだ！	What a day!
両親の期待に**プレッシャーを感じた**。	I've **felt pressured** by my parents' expectations.
その問題の解決に**四苦八苦している**。	I'm **struggling** to find a solution to the problem.
新しい企画で**頭がいっぱいで余裕がない**。	I **am preoccupied with** the new project.
なんとか誰かに博士論文を手伝って**もらいたい**。	I'm **desperate for** help with my dissertation.
やらなければならない仕事の量に**まいっている**。	I **am overwhelmed by** the amount of work I must do.
その問題は、私ひとりで処理するには**大変過ぎる**。	It's **too hard for me to** deal with the problem all by myself.
毎日料理を作らなくてはならないのは本当に**大変だ**。	It's such **a hassle / trouble** to cook everyday.

混乱している

彼女の最近の態度に**混乱している**。	I **am confused by** my girlfriend's recent behavior.
そのニュースを聞いて**パニックに陥った**。	I **got panicked** when I heard the news.

後悔している（悪く思っている）

親友を傷つけたのではないかと**後悔している**。	**I regret** that I might have hurt my best friend.
彼女に謝らなかったことに**罪悪感を感じている**。	**I am feeling guilty** for not apologizing to her.
彼らの会話を**邪魔するつもりではなかった**のに。	**I didn't mean to disturb** their conversation.
彼女にあの重い箱を持たせて**悪かった**と思った。	**I felt bad** that I asked her to carry the heavy box.
祖父母にはるばるうちまで来させる**べきじゃなかった**。	**I shouldn't have made** my grandparents come over to my house.

後悔している（悔しい）

無理をするんじゃなかった。	**I shouldn't have pushed** myself so **hard**.
彼女を泣かせて**申し訳なく思う**。	**I'm sorry that** I made her cry.
彼女に電話**するんじゃなかった**。	**I wish I hadn't** called her.
その仕事を辞めたのは**失敗だった**。	Quitting the job **was** so **stupid of me**.
彼の申し出を断ったのはほんとうに**後悔している**。	**I'm kicking myself for** turning down his offer.
うちのチームのプレーがあんなに悪くて**我慢ならない**。	**I can't stand** my team when we've played so poorly.
クリスマスセールの前にあのコートを買ってしまって**悔しい**。	**I regret that** I bought that coat before the Christmas sale.

うらやましい

すてきな彼氏のいる姉が**うらやましい**。	**I am jealous** of my sister because she has a nice boyfriend.
弟はくじを当てるなんて**ずるい**。	**It's not fair that** my brother won the lottery.
同僚の昇格が**うらやましかった**。	**I envied** my colleague's promotion.

……だといいな

彼の彼女に**なりたいな**。	**I wish I were** his girlfriend.
来年はいい年になる**といいな**。	**I'm hoping that** next year will be a better year for me.

……なのかなぁ

| 彼女は大丈夫かなぁ。 | I wonder if she's alright. |

……しようかと思っている

| ダイエットしようかと思っている。 | I'm thinking about going on a diet. |

頭から離れない

その映画のことばかり考えている。	I can't get the movie off my mind.
昨夜の妻との口論が心に残っている。	I still feel bad about the quarrel I had with my wife last night.
来週のプレゼンのことばかり考えている。	I keep thinking about the presentation I have to give next week.
偶然出会ったあの男のことが頭から離れない。	I can't stop thinking about that guy I met by chance.

つまらない

つまらない。	It wasn't as good as I thought (expected).
物理の授業はいつもつまらない。	Physics class is always boring.
なんてつまらない映画だったんだ。	It was such a boring film.
あなたの話はおもしろくないと言われた。	Someone told me the things I say aren't interesting.

共感した

共感できる。	I know the feeling.
彼に共感できる。	I can symphasize with him.
同じ気持ちになる。	I feel the same way.
彼の気持ちがわかる。	I know how he feels.
彼女の気持ちはわかる。	I can see why she feels that way.
彼女の気持ちがわかるような気がする。	I think I understand her feeling.

日々の生活

☕ 日常生活

早く寝た。	I went to bed early.
徹夜した。	I stayed up all night.
二度寝した。	I woke up once but got back to sleep again.
けさ寝坊した。	I overslept this morning. / I got up late this morning.
けさ**早く起きた**。	I woke up **early** this morning.
夜更かしをした。	I **stayed up late** last night.
昼まで寝ていた。	I slept **until noon**.
寝付けなかった。	I couldn't fall asleep.
家に帰ってすぐに寝た。	I went to bed shortly after going home.
けさは**自然と目が覚めた**。	I **woke up without any trouble** this morning.
目覚ましを6時にセットした。	I set the alarm (clock) for 6:00.
小鳥のさえずりで目を覚ました。	I was awakened **by the singing of birds**. / The birds' singing/chirping woke me up.
昨日の夜は同僚が**泊めてくれた**。	My co-worker **put me up (at his/her place)** last night.
寝苦しい夜が続いて、**睡眠不足**だ。	I **haven't been sleeping well**, so I'm tired all the time/suffering from **lack of sleep**.
一度起きたら、**目がさえてしまった**。	Once I woke up/got up, I was **wide awake**.
目覚まし時計の音に**気付かなかった**。	I **didn't hear** the alarm. / My alarm clock **didn't work**.
無意識に目覚ましを止めていたらしい。	I guess I turned off the alarm **unconsciously/in my sleep**.
バスに**飛び乗った**。	I **ran and caught** the bus. / I had to **run to catch** the bus.
終電を逃してしまった。	I missed **the last train**.
けさ、満員電車で**痴漢された**。	I was **touched/groped by a masher** on the packed train this morning.

けさは**髪型がきまらなくて**焦った。	This morning I had **a lot of trouble with my hair** and was almost late (for work).
人身事故で電車がしばらく動かなかった。	The train line was stopped because **someone got hurt in an accident**.
電車で隣に座った人が、居眠りをして**頭をもたせかけてきた**。	The person/guy/man/woman sitting next to me on the train was sleeping/dozing and **leaning his/her head on me**.
食べ過ぎた。	I overate. / I ate too much.
食べ切れなかった。	I couldn't eat it all. / I couldn't/wasn't able to eat the whole thing.
お使いに行った。	I ran **an errand**.
自炊生活は大変だ。	It's hard (not easy) to **cook my own meals**. / It's troublesome to **prepare my own meals**.
きょうは**とても疲れた**。	**I'm very tired** today.
仕事の後の一杯は**最高にうまい**。	After work, a drink/a beer **really hits the spot**.
気合を入れて料理した。	**I put a lot of effort** into cooking.
夕食に料理を**作りすぎた**。	**I cooked too much** for dinner.
なんともいえない味だった。	I sort of liked it and sort of didn't (like it). / I could take it or leave it.
電話で**ピザのデリバリー**を頼んだ。	I phoned for **a pizza delivery**.
自分で作った料理は**おいしかった**。	The dish I cooked **was delicious**.
今日は**コンビニ弁当**で昼御飯を済ませた。	For lunch today I got by with **a convenience store boxed lunch**.
気が乗らなかったので、手抜き料理にした。	**I was too lazy** to cook, so I made something easy.
満席で入れなかった。	**All the seats were taken**, so we couldn't go in.
財布を**落としてしまった**。	**I dropped** my wallet.
途中で**道に迷ってしまった**。	I/We **got lost** on the way (there).
子どもが**泣き出してしまった**。	The children/kids **started crying**.
クリーニングに出すのを忘れていた。	I forgot **to take it to the cleaner's**.

プライベート、休日、レジャー

さあ、遊ぶぞ！	OK, let's have a good time! / OK, it's time to have fun!
湯ざめした。	I felt cold/got chills after taking a bath.
11時間寝た。	I slept for eleven hours.
コンパをした。	We had a party with our friends.
ヤキトリを頼んだ。	I ordered *yakitori*, grilled chicken on a stick.
お酒を飲みすぎた。	I drank too much.
楽しみに待っている。	I'm looking forward to it.
いい思い出になった。	It was memorable. / I will never forget it.
旅館で温泉に入った。	I took a hot spring bath at the inn.
露天風呂につかった。	I bathed in **an open-air hot spring**.
バイキングを楽しんだ。	I enjoyed **the all-you-can-eat meal**.
パック旅行を**申し込んだ**。	I **signed up for/booked** a package tour/trip.
焼酎のお湯割りを飲んだ。	I had *shochu*, Japanese alcohol mixed with hot water.
結婚式の2次会に行った。	We went with other guests to another party after the wedding reception.
町を**散策する**のが好きだ。	I like/love **walking around** cities/the city. / I really like **strolling on** the city streets.
祖父の還暦の祝いをした。	We celebrated my grandfather's sixtieth birthday.
ちゃんと起きられるかなあ。	I hope I can get up (that early). / I wonder if I'll be able to get up that early.
貯金して、ロンドンへ行こう。	Let's/I'll save some money and go to London.
夕涼みに公園まで散歩した。	I walked to the park in the cool of the evening. / In the evening coolness, I walked as far as the park.
そろそろ美容院に行かないと。	I have to go to the hair/beauty salon pretty soon. / It's about time to go and have my hair done/cut.
今度**パーマをかけて**みようかな。	Maybe I'll try **getting a perm** this time. / I'm thinking about **getting a perm** next time.

高級なレストランに食べに行った。	We went to a **luxurious/high-class** restaurant.
立ち見で映画を観ることになった。	I ended up standing at the movie.
いつもはもう少し遅くまで寝ている。	I usually sleep a little later than this.
犬も入ることができる温泉があった。	There was a hot spring where the dogs could soak.
アメリカから帰ってきた友だちと会った。	I met my friend who came back from the U.S.
観覧車に乗るのに1時間半も並んだ。	We waited in line for an hour and a half to go on the **Ferris wheel**. / We stood in line for the **Ferris wheel** for 90 minutes.
ジムで汗を流して、リフレッシュしよう。	I'll go to the gym/fitness club and sweat a lot—that will make me feel better.
たまには**ごろごろして過ごす**のもいい。	Sometimes it's nice **just to hang around** at home.
久しぶりに**二人きりの時間を**過ごした。	We got to **spend some time alone together** for the first time in quite a while.
飲み放題じゃないと思い切って飲めない。	If it isn't "all you can drink," I don't feel free to drink as much as I want.
食べ放題ではついつい食べ過ぎてしまう。	At buffet-style places I always eat too much in spite of myself.
どこかへ行きたかったが寒いのでやめた。	I wanted to go out but it was too cold to go anywhere.
雪の降り積もっている北海道へ行きたい。	I want to go to Hokkaido, where it's covered with snow.
あのイルミネーションは一見の価値がある。	Those illuminations are worth seeing (once).
夢中で本を読んでいたら、朝になっていた。	I was so absorbed in the book, I read till morning.
予告編で見た時はおもしろそうだったのに。	From the preview, I thought it would be good/interesting. / The preview made me expect too much.
思ったよりいろいろなところを見てまわれた。	I went to/visited a lot more places than I expected to.
友だちと共通の趣味の話題で盛り上がった。	We talked excitedly about what we had in common. / My friend and I got excited talking about our mutual interests.
ほしかったものがやっと手に入ってうれしかった。	I was so happy to finally get what I wanted.
たまたま入ったレストランの料理がおいしかった。	We just happened to go into a restaurant, and it was really good.

📧 職場、仕事

仕事に追われている。	I'm very busy with my job. / I have so much work to do.
仕事がなくて暇だ。	I've been bored because I have no work to do at the office.
納期が迫ってくる。	The deadline is getting close. / I don't have much time left before my deadline.
皆が送別会を開いてくれた。	My coworkers held a farewell party for me.
精神論でガンバレっていってもしょうがないでしょ！	It is no use just saying, "Do your best!"
世界的な視野をもった女性になろう。	I want to be **a woman of the world**. / I want to be **a globally minded woman**.
この仕事は趣味と実益をかねていて、しかもやりがいがあるので気にいっている。	I'm happy with/enjoying my job which is to do with both my interest and career.
今日こそは定時で帰るぞ！	Today I'm going home at the regular time! / I'm determined to leave the office at the regular time today.
同期より先に出世して気まずい。	It's awkward/uncomfortable to get promoted before someone who started working at the same time I did.
彼の公私混同ぶりはなんとかならないものか。	I wonder if we can get him to stop mixing public and private life.
会議には**ギリギリで間に合った**。	I **just/barely made it to** the meeting on time.
転職を**本気で考え始めた**。	I've **started thinking seriously** about changing jobs/careers.
子どもができても、仕事は続けたい。	I want to keep working after I have a child.
こんな安い給料じゃやってられない。	I can't live/survive/get along on such a low salary.
明日も休日出勤か……。	It looks like I'll have to work on a holiday/weekend day again tomorrow.
一日中電話対応に追われた。	All I did was handle (customer) calls all day.
上司がプレゼンを**褒めてくれた**。	The boss **said good things about** my presentation. / My supervisor **complimented me on** my presentation.
今年はボーナスが出なかった。	This year we didn't get/receive a bonus.
上司にセクハラされた。	My boss sexually harassed me. / I was sexually harassed by my supervisor.
出張の準備が**全然終わらない**。	**It's taking forever** to get ready for my business trip.
クレームの対応ばかりで胃が痛くなった。	Responding to/handling (customer) complaints all day gave me a stomachache.

出張先のホテルが満杯だった。	The hotel where I was going to stay on my business trip was full/was completely booked up.
業務日報の作成が面倒だった。	Writing up **the daily work report** was a lot of trouble/a pain.
タイムカードを押し忘れた。	I forgot to punch my time card. / I forgot to clock in.
このバイトも板についてきた。	I've gotten used to this job (, too). / I've got the hang of the job now.
残業続きで、見たいTVも見られない。	I'm working overtime every day/a lot, so I can't see the TV programs I want to.
会議ばかりで自分の仕事がはかどらなかった。	**With all the meetings I had to attend**, my own work didn't progress at all.
時給はよくないけれど**仕事は楽しい**。	The hourly wage/pay is low, but **the work is fun/interesting.** / The pay isn't good, but **I enjoy the work.**
急に異動を命じられた。	**All of a sudden/Out of the blue** I was notified that I would be switched to another position/department.
取引先の顔と名前が一致しなくて混乱した。	I got flustered/confused because I couldn't match the clients' names and faces.
スーツにスープをこぼしてしまった。	I spilled soup on my suit.
名刺が足りなくなった。	I ran out of business cards/*meishi*. / I didn't have enough business cards.
接待の手配を命じられた。	I was told/ordered to arrange the entertainment/dinner/reception (for the clients).
宅配便を出しそびれた。	I missed the express delivery pickup.
接待ゴルフに付き合うのはウンザリだ。	I'm sick (to death) of taking clients out to play golf.
こんな天気では外回りに行く気がしない。	I (really) don't feel like going out to see customers/clients in weather like this.
相談したいときに限って上司が外出していた。	The only time the boss was out was when I had something to ask him.
ついにわが社でもリストラが実施されるらしい。	It seems there's finally going to be a restructuring/downsizing at our company(, too).
社会人になると、友だちと疎遠になる。	Friends (tend to) drift apart once they **start their careers**.
新しい環境に身が引き締まる。	The new environment is invigorating/bracing/energizing.
お昼ちょっと前に打ち合わせが終わった。	The meeting finished just before lunchtime.
上司から遅刻を注意された。	My boss warned me about being late.
大事な顧客のひとりとの打ち合わせを来週に**設定した**。	**I set up** a meeting with one of my important clients for next week.

学校生活

終業式があった。	We had the closing ceremony of the term.
部活をしに行った。	I went to take part in a school activity.
あさってで今学期が終わるので楽しみだ。	I'm happy because the term will end the day after tomorrow.
水曜日が休日だったのできょうはその振り替えで学校があった。	Classes were held today to make up for the holiday on Wednesday.
選択授業で数学を勉強した。	I studied mathematics as an elective.
成績表を見て悲しかった。	I was disappointed with the grades on my report card.
今度からがんばろうと思った。	I was determined to do my best next time.
塾へ行く途中は寒かった。	It was cold on my way to **cram school**.
成績が少し/かなり/とても上がった。	My grades improved a little/quite a lot/a lot.
学校が終わって習字教室に行った。	I went to calligraphy class after school.
疲れていたのに、勉強しなければならなかった。	Although I was very tired, I had to study.
授業参観に行った。	I observed classes on the school's open day for parents.
きょう放課後に**補習授業**があった。	I had **a tutorial/supplementary class** after school today.
単位が取れなかった。	I couldn't get full credit for my course. / I failed to get the required credits for my course.
個人ではだめだったがチーム優勝した。	I couldn't win the singles title, but the team won the championship.
部活との両立は難しい。	It's hard to manage both class work and school activities at the same time.
先輩に呼び出された。	An older student called/summoned me.
早弁が先生に見つかった。	The teacher caught me eating my lunch/*bento* before lunchtime.
新歓コンパの幹事をまかされた。	I was asked to arrange **the welcome party (for new students)**.
夏休みの宿題がまだ終わっていない。	I haven't finished my summer vacation homework yet.
クラス替えで仲のよい子と同じクラスになった。	When the new term/semester started, I (found I) was in the same class as a girl I really like/I get along really well with.

趣味

碁を打った。	I played **go**.
将棋を指した。	I played *shogi*, **Japanese chess**.
ホットヨガに**興味がある**。	**I am interested in** hot yoga.
主人公のセリフに**萌えた**。	**I was charmed/enchanted by** the main character's dialogue.
その**本の内容**はよかった。	I love **the book's story**. / I love **the story I read in the book**.
息子はプレステ3に**夢中だ**。	My son **is addicted to** his Playstation 3.
携帯小説にハマってしまった。	I've really gotten into reading **cell/mobile phone novels**.
私と夫では**音楽の趣味**が違う。	My husband and I have different **tastes in music**.
カーペンターズは**やっぱりいいな**。	**I still like** the Carpenters **no matter what**.
やっとのことでロボットが**完成した**。	We finally **completed building** the robot.
彼女の**ファン**になってしまいそうだ。	I could become **a fan of hers**.
私たちは10-0でゲームに**快勝した**。	We **won easily**, beating the other team 10 to 0. / We **easily won** the game 10-0.
陶芸のクラスでティーカップを作った。	I made a tea cup in **the pottery class**.
コンサートを聞きに行き、**楽しかった**。	I went to a concert and **enjoyed the music**.
きょうの**占い**をチェックするのを忘れた。	I forgot to check **today's horoscope**.
自分より兄のほうが**野球が上手かった**。	My brother **played better baseball** than I did.
聖路加病院の日野原先生の本に**感動した**。	**I was touched by** the book by Dr. Hinohara of St. Luke's International Hospital.
おもしろかったが、**もう一度見る気にはなれない**。	It was good, but **I wouldn't want to see it again**. / I liked it, but **I wouldn't see it again**.
やっぱり野球って楽しいな、って**つくづく思いました**。	**It reminded me** just how much fun baseball was. / **I remembered that** baseball was a lot of fun.
きょうチューリップの球根を植えようと、花壇を耕していたら、**たくさん石が出てきて大変だった**。	As I started to plough the flower bed so that I could plant tulips, it was difficult to get rid of the many stones in the soil.

人物

エビちゃんみたいになりたい！	I want to be like Ebi-chan!
彼女はとても純粋だ。	She **is very pure**.
彼は意外とイケメンだ。	He's **better-looking than I expected**.
彼を誤解していたかも。	I may have **been misunderstanding** him.
彼はさわやかな好青年だ。	He's **a cheerful, pleasant young guy / man**.
彼の手はとてもセクシーだ。	He has very **sexy** hands. / His hands are really **sexy**.
かわいい声をした人だった。	She had **a cute / pretty voice**.
最近、気になる人ができた。	There's **someone I'm interested** in these days.
彼女はほんわかとした人だ。	She's **a warm person**.
彼女の肌は透き通るように白い。	Her skin is **so fair / white it's translucent**. / She has **a porcelain complexion**.
彼女は華奢でとても可憐な人だ。	She's **very slim and delicate**.
彼女のつけている香水はいい匂いだ。	**The perfume / scent she wears** smells wonderful / is really nice.
彼女はサバサバしていて、付き合いやすい。	She's open / friendly and **easy to talk to / be with**.
彼はバツイチらしい。	I heard he used to be married.
彼は服のセンスが悪い。	He has bad **taste in clothes**.
彼女は気が変わりやすい。	She's **always changing her mind**.
彼の優柔不断なところが嫌い。	I don't like his **indecisiveness / wishy-washiness**.
彼女は幼児体型を気にしている。	She worries about her **childish figure**.
彼の考えていることがわからない。	I don't know **what he's thinking**.
彼女と話がかみ合わなくて疲れた。	I found her **hard to talk to**, so I'm tired.

🛍 買い物

お買い得だった。	It was **a bargain / a good buy**.
「**限定品**」ということばに弱い。	I have trouble resisting the words "**limited offer**."
値切ったら、500円まけてくれた。	I **haggled** and got it for 500 yen less.
行列ができていると並びたくなる。	When I see people **lining up**, I get the urge to join the line.
そのお店の**ポイントカード**を作った。	I had **a point(s) / loyalty card** made at that store.
パソコンを**分割12回払い**で購入した	I bought / purchased a computer on **a 12-time installment plan**.
ちょっと冒険して、**派手な服**を買ってみた。	I decided to be a little adventurous / daring and buy **a showy outfit**.
チケットを**ネットオークション**で落札した。	I bid for the ticket on **a net auction**, and I got it..
この服は私には**地味**すぎたかもしれない。	The dress I bought may be too **plain / understated** for me.
衝動買いは止めようと思った。	I thought I was going to stop **impulse shopping**. / I told myself I wouldn't **buy things impulsively** anymore.
店員の**接客態度**が最悪だった。	**The salesperson's / salespeople's attitude** was terrible / the worst.
店員が**しつこくて**買う気をなくした	The salespeople were so **pushy / insistent**, I lost interest in buying anything.
ほしかったものが見つからなかった。	I couldn't find **what I wanted**.
すごい混雑で**何も買わずに帰ってきた**。	The place was really crowded, so **I left without buying anything**.
売り切れるまえに買っておくべきだった。	I should have bought it **before it sold out**.
試着してみたら、**サイズが合わなかった**。	When I tried it on **I found out it didn't fit me**.
別の店で**同じものをもっと安く**売っていた。	I discovered that **the same thing was cheaper** at another store.
クレジットカードの**暗証番号**を思い出せなかった。	I couldn't remember my credit card **PIN number**.
仕事の帰りに、**いちばんうるさい音がする**目覚まし時計を買った。	I went to buy an alarm clock **with the loudest sound** in the store after work.

♥ その他

絶対にやる！（がんばろう！）	I can do it!
絶対にそうだ！	There is no doubt about it.
クセになりそう。	I could really get to like this/get into this.
やってもいいよね。	I deserve it.
もう二度とやらない！	I'll never do it again!
まずいことになった。	I'm in big trouble.
ガマンできなかった。	I couldn't resist the temptation.
ご多分にもれず……	... as usual. / I'm not surprised that …/ It's not surprising that...
思わず目をそらした。	I instinctively looked away/averted my eyes.
私にはとんでもない。	I don't deserve it.
思ったより簡単だった。	It was easier/simpler than I thought.
あまり自分には関係ない。	It doesn't really have anything to do with me.
たいしたことじゃないのに。	It's not a big deal.
束の間の平穏を満喫した。	I enjoyed a moment of peace.
きょうからさっそく始めよう。	I'm starting right away. / I'm starting today.
忙しい日々はもううんざりだ。	I'm sick of/fed up with being so busy every day.
お友だちにも教えてあげよう。	I'm going to/I want to tell (all) my friends (about it).
この病院の評判はあまりよくない。	This hospital doesn't have a very good reputation.
久しぶりに小学校の先生に会った。	I saw my elementary school teacher, who I hadn't seen for a long time.
一年前の今頃は、まだ学生だった。	I was still a student **this time last year**.
ドラマの最終回を見たいので早く帰りたい。	I want to go home early to watch the show's final episode.

白髪が目立ってきた。	My gray hair has become noticeable.
年齢より若く見られた。	Someone thought I was younger than I am.
半年で5kgは痩せたい。	I want to lose five kilo(gram)s in (the next) six months.
もっと自分磨きをしよう。	I have to work harder on improving myself.
近ごろ、肌が荒れてきた。	Lately my skin has gotten rough.
このごろお腹が出てきた。	Lately my stomach has been sticking out.
時の流れはときとして残酷だ。	The passage of time can be cruel at times.
身体が硬いのを何とかしたい。	I want to get more flexible somehow.
ちょっと大人になった気がした。	I felt like I'd grown up/matured a little.
自分のセンスにほれぼれする。	I think my taste/style is very cool.
デート中にストッキングが伝線した。	I got a run in my stocking/pantyhose while I was on a date. / When I was out with my boyfriend, I got a run in my stockings.
彼は今ごろ元気にやっているかな。	I wonder how he's doing these days.
アンチエイジングをがんばってみよう。	I'm going to work hard at having an anti-aging lifestyle.
彼女のサラサラの髪に触れてみたい。	I want to touch her smooth, silky hair.
彼の第一印象は、さえない感じだった。	My first impression of him was not very positive / favorable.
できちゃった結婚なんて考えられない。	I can't imagine getting married with a baby on the way.
彼の気持ちに気づいていないわけじゃない。	It's not that I'm not aware of his feelings. / I am aware of how he feels.
彼女は酔っ払うと何をしでかすかわからない。	You never know what she'll do when she gets drunk.
彼女は典型的なA型に似つかわしく几帳面だ。	She's methodical, like a stereotypical type A.
ダイエット中なのに、チェリーパイを食べてしまった。	I had/ate a piece of cherry pie, even though I'm on a diet.
一度でいいから、手をつないで彼女と一緒に歩きたい。	I'd like to walk with her holding hands at least once.
ブログにアップしなきゃ。	I have to put/post it on my blog.

CDジャケットが凝っていた。	The CD cover was/is really fancy/elaborate.
つい人前でも口ずさんでしまった。	I was (even) humming in public without realizing it.
間違って違う番組を録画していた。	I accidentally recorded the wrong program.
ネタバレが怖くて、ネットで情報が見られない。	I can't look for information on the Internet, because I'm afraid of seeing spoilers.
本の返却期間が過ぎていることに気づいた。	I realized the books were overdue.
同じ著者の本でおもしろそうなものを探してみたい。	I want to try and find an interesting book by the same author.
レンタルショップで借りようと思ったDVDが全部貸し出し中だった。	The DVD I was going to get (at the rental store) was all rented out.
黄砂がひどかった。	The yellow dust/sand in the air was terrible (today).
てるてる坊主を作った。	I/We made a *teruterubozu* /a little doll that you hang up to bring good weather
彼は厳格なムスリムだ。	He is a strict Muslim.
誰を誘えばいいだろうか。	Who can I/we invite?
最近、親孝行してないなぁ。	I haven't been doing anything for my parents/helping my parents lately.
家族の声が聞きたくなった。	I want(ed) to talk to my family.
当分はお酒を見るのも嫌だ。	Right now the idea of having a drink disgusts me.
間違い電話がかかってきた。	Someone called me by mistake. / I got/received a wrong-number call.
最近は、日傘が手放せない。	These days I can't go out without my parasol.
日焼け止めをぬればよかった。	I should have put on sunscreen/suntan lotion.
水面にみごとな月が映っていた。	A splendid/beautiful moon was reflected on the water's surface.
木々がうっそうと生い茂っていた。	The trees were thickly overgrown. / The place was like a dense forest.
今までの努力が報われた気がした。	I felt like all my efforts had been rewarded.
将来は、ハワイでのんびり暮らしたい。	In the future I'd like to live in Hawaii and just take it easy. / My dream for the future is to have a carefree life in Hawaii.
涙もろくなったのは年のせいだろうか？	I've been getting emotional very easily recently, and I'm wondering if it's because of my age.

言いたいことを正確に伝えるのは大変だ。	It's really hard to communicate just what I want to say.
その試験では、実力を発揮できなかった。	I couldn't demonstrate my ability on that test.
あの夫婦は以心伝心でわかりあっている。	The husband and wife understand what each other has in mind.
怪しい人が尋ねてきたが、心当たりがない。	A suspicious-looking man visited my house, but I have no idea who he was.
きょうはいつもと違って玄関に鍵がかけてあった。	Today the front door was locked unexpectedly (for a change).
話し中だったので、しばらくしてからまた電話した。	The phone was engaged, so I tried again after a while.
きょう終わらせるつもりだったのに、できなかった。	I was supposed to finish it today, but I couldn't.
熱中症にならないように、水分補給に気を配った。	I was careful to stay hydrated, to prevent heatstroke.
もしお金と暇さえあったら、どこかへ旅行に行けるのに。	If only I had enough money and time, I could travel somewhere.
世間では不況といわれているが、うちの家族は大丈夫だ。	In general, / Many people say/think that the economy is depressed, but my family hasn't been affected.
携帯に依存した若者の生活に、これでいいのだろうかと思う。	I'm wondering about the lives of young people, who seem to addicted to their mobile phones.
保険がきかなかったので、多額の医療費を払う羽目になった。	It wasn't covered by the insurance, so I had to pay a lot for the treatment.
毎日いろんな事件が起こって、心安らかに生きることが難しくなってしまった。	There have been many serious incidents happening every day, and it's becoming difficult to feel secure.
両親とはありがたいものだとわかっているものの、面と向かうと素直になれない。	I'm grateful to my parents, but I tend to be difficult /rebellious with them.

コラム

たまには、from an objective point of view

日記を書いているとどうしても I が主語にくることが多くなります。内容を変えずに主語を変えて書くバリエーションを身に付けて、文章に変化をもたせるようにしましょう。

- I went to a New Year's party at the pub. パブでの新年会に行った。
- We had a New Year's party at the pub. パブで新年会をした。
- There was a New Year's party at the pub. パブで新年会があった。

もうひとつ主語を I にしない方法は、客観的な日記を書いてみることです。特別な日や祝日であれば、It is/was...、Today is/was... などのように文章を始められます。

例 Today was the first day at school.
きょうは学校の初日だった。

天気はどうでしたか？
例 It was very hot today.
きょうはとても暑かった。

忙しくても、たまには季節の変化に目を向けてみましょう。
例 Cherry blossoms have started blooming.
桜の花が開き始めた。

家族やペットはきょうどのように過ごしたのでしょうか。
例 My kitty, Tobby, didn't move away from the heater all day long.
子猫のトビーは一日中暖房の前から動かなかった。

きょうはどんなニュースがありましたか？　なにか面白い新聞記事はありませんでしたか？
例 Consumption tax was increased up to 5%.
消費税が5%まで上げられた。

視野を広げて、まわりで起こった事実を客観的に描写してみると、意外な発見があるかもしれません。

巻末資料

日記および英文ライティングを学ぶうえで、参考となる書籍やウェブサイトを紹介しています。p.191のオンライン・ダイアリーは、登録すると自分の日記をインターネット上で公開することができるサイトです。

- **刊行物** 辞書・語学書・ライティング ……188
- **Web①** 英文法・ライティング ……189
- **Web②** オンライン辞書 ……190
- **Web③** オンライン・ダイアリー ……191

刊行物　辞書・語学書・ライティング

●『Eゲイト英和辞典』

田中茂範、武田修一、川出才紀 編
3100円（2003年 ベネッセ）

主要な見出し語にコアという中核的な意味や機能が示され、いくつもの語義をもつ単語もひとつのイメージでとらえることができるようになっています。特に、多様な形で使われる前置詞などは、イメージイラストとともにわかりやすく説明されています。

●『日本語を活かした英語授業のすすめ』

吉田研作、柳瀬和明 著
1700円（大修館書店）

「日本語らしい日本語」から「英語にしやすい日本語」、「その日本語から英語にした英語」、そして「英語らしい英語」へと転換させていくプロセスを解説。日本語で考えたことを英語で表現する、あるいは英語で発想をするトレーニングをするのに役立ちます。

●『外国語学習に成功する人、しない人』

白井恭弘 著
1100円（岩波書店 岩波科学ライブラリー）

外国語を習得するために本当に有効な方法にまで考察されている「第二言語習得研究」の入門書。これまでの研究成果がコンパクトに整理されているとともに、外国語を習得する過程で学習者にどのような変化が起こるかといったことがわかりやすく解説されています。

●『ライティング・パートナー』

クリストファー・ベルトン 著　渡辺順子 訳
2200円（コスモピア）

プロの作家でもある著者が、ライティングの基本ルールから、さまざまな種類の文書の書き方までを丁寧に説明しています。相手に応じてフォーマル度を使い分けるなど、日本人には難しい微妙なニュアンスの出し方についてもいろいろと解説があります。

Web 1 英文法・ライティング

Guide to Grammar & Writing

http://grammar.ccc.commnet.edu/grammar/

非営利団体 Capital Community College Foundation が提供しているサイトで、日記から論文まで、それぞれの用途に応じた文法事項を詳しく解説しています。知りたい項目が明確に表記されているので検索しやすく、動詞、形容詞、副詞の用法で迷ったときなどに大変便利なページです。

Sentence Sense

http://www.ccc.commnet.edu/sensen/

3つのステップで基本的な英作文について学べるサイト。パート1では基本的な英文法がコンパクトにまとめられ、必要な知識が段階的に身に付けられるようになっています。パート2では英文を書くときに間違いやすいポイントの解説があり、パート3では英文を書く上でのテクニックを学びます。

The Purdue Online Writing Lab

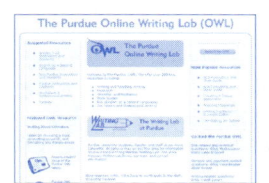

http://owl.english.purdue.edu/

Purdue大学が提供しているサイトで、文法に限らず、英文の書き方に関する情報が細かく掲載されているオンライン教科書です。質問があれば、スタッフからメールでアドバイスも受けられます。推薦図書や資料についての情報も多く掲載されています。

The Element of Style

http://www.bartleby.com/141/

William Strunk, Jr.著の書籍The Element of Style のオンライン版。英文を書く上での細かいルールが親切に解説されているので、書き方に迷った時は非常に参考になります。また、間違いやすい単語や表現も例文をまじえて数多く掲載されていて、実用的な内容になっています。

Web ❷ オンライン辞書

● Merriam-Webster Online Thesaurus

http://www.m-w.com/home.htm

辞書の老舗メリアム・ウェブスターのオンライン英英辞典。Thesaurus(類語辞典)の検索ボックスも設定されています。まだ辞書に載っていない言葉をユーザーの投稿で作っていく「Open Dictionary」など、インターネットならではの特性を活かしたコンテンツも充実しています。

● Thesaurus.com

http://thesaurus.reference.com/

シンプルで機能的なオンライン辞典。検索ボックスに打ち込んだ単語を表示させたまま、英英辞典、類語辞典、百科事典のタブを切り替えると、それぞれの辞書で調べることができます。単語や熟語をいろいろな角度から調べられるので、表現の幅を広げるのに役立ちます。

● 英辞郎

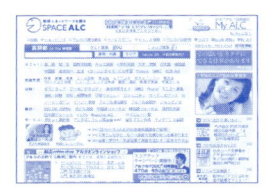

http://www.alc.co.jp/

語学関連の書籍や雑誌を刊行している出版社アルクが運営。英和、和英ともにひとつの検索ボックスで調べることが可能で、豊富な例文で細かい使い方までを知ることができます。見出し語は、和英あわせて約389万語が登録されています(2010年10月現在)。

● 訳Go.com

http://www.yakugo.com/WebHint/Quick.aspx

英和・和英で引けるオンライン辞書。日本語もしくは英語での入力1文字目から検索が始まって、候補となる単語とその訳語が次々と表示されます。たとえば、"geography"なら、"geogra"まで入力すればgeographyがリストアップされるので、すばやい検索に便利です。

Web ③ オンライン・ダイアリー

● Open Diary

http://www.opendiary.com/

毎日、世界中から投稿が寄せられている人気の高いサイトで、日記を通じて意見交換などができます。また、日記の投稿以外に、ペット、趣味、結婚、性別などさまざまなテーマのコミュニティが用意され、参加登録することでさらに活発な交流が可能となっています。

● Dear Diary

http://deardiary.net/

簡単に登録ができて、世界中からの参加者が集まる人気のあるサイトです。イギリスのシェークスピアの故郷を旅したひとの日記など親しみやすい内容のものから、抽象的、アダルト系の画像も投稿されています。そのような内容のものに関しては、年齢証明が要求される設定になっています。

● Diaryland

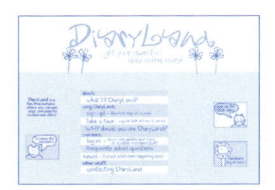

http://diaryland.com/

シンプルでかわいらしいトップページと同様に、登録も投稿の方法も簡単で、会話調のわかりやすい英語で解説されています。登録者には、diaryland.comのメールアドレスがもらえます。サイトのレイアウトも簡単に変更できるなど、英語学習者におすすめのサイトです。

● Diary Project

http://www.diaryproject.com/

特に英語学習者向け、というわけではありませんが、最近話題に上がるドラッグ、差別、暴力や政治などの社会問題から、家族、恋愛、音楽、人間関係、健康や悩みまで、さまざまな興味深い課題に対して日々思うことが多くの登録者から寄せられています。

監修・著者

■ **吉田研作**（よしだ・けんさく）　上智大学外国語学部教授

上智大学一般外国語教育センター長、国際言語情報研究所所長を併任。文部省英語指導法等改善の推進に関する懇談会委員、文部科学省スーパー・イングリッシュ・ランゲージ・ハイスクールの研究開発に関する企画評価会議協力者、文部科学省中央教育審議会外国語専門部会委員、他歴任。著書に、『日本語を活かした英語授業のすすめ』（共著、大修館）、『起きてから寝るまで表現700』（監修、アルク）、『ベーシック　プログレッシブ英和・和英辞典』（監修、小学館）、『外国研究の現在と未来』（編集、Sophia University Press）他多数。

■ **白井恭弘**（しらい・やすひろ）　ピッツバーグ大学言語学科教授

上智大学外国語学部英語学科卒業。浦和市立高校教諭（在職中に早稲田大学専攻科英語英文学専攻修了）を経て、カリフォルニア大学ロサンゼルス校に留学、修士課程（TESL）、博士課程（応用言語学専攻）修了、Ph.D. 大東文化大学外国語学部英語学科助教授、コーネル大学現代語学科助教授、同アジア研究学科准教授（tenured）、などを経て、現在は、ピッツバーグ大学教授・言語学科長、言語学会（JSLS）会長。学術誌 *Studies in Second Language Acquisition*、*IRAL* などの編集委員。著書に『外国語学習に成功する人、しない人』（岩波科学ライブラリー）、『外国語学習の科学』（岩波新書）、『耳からマスター！ しゃべる英文法』（コスモピア）など。

3文で書いてみよう！
はじめての英語日記

※『My First English Diary きょうから始める英語3文日記』の改訂新版です。
※ 増刷時に装丁を変更しています。

2007年11月1日　初版第1刷発行
2010年12月1日　第2刷発行

監修・著：吉田研作
著：白井恭弘
編：コスモピア編集部

装丁：松本田鶴子
表紙イラスト：石川ともこ

英文作成協力・英文校正：ガイ・ホーブツ、
サマンサ・ロウントゥリー、アンソニー・カーティー、
スティブ・トラウトライン、トーマス・エッゲンバーガー、
ソニア・マーシャル、イアン・マーティン

編集協力：辻　由起子、佐藤砂流

DTP：アトム・ビット・田中菜穂子

発行人：坂本由子
発行所：コスモピア株式会社
〒151-0053　東京都渋谷区代々木4-36-4　MCビル2F
営業部 Tel: 03-5302-8378　email: mas@cosmopier.com
編集部 Tel: 03-5302-8379　email: editorial@cosmopier.com
http://www.cosmopier.com/

印刷・製本：朝日メディアインターナショナル株式会社

© 2007 Kensaku Yoshida, Yasuhiro Shirai,
CosmoPier Publishing company Inc.

■ ご協力していただいた方
＜敬称略・順不同＞

熊本大学附属中学校
　2年生のみなさん（2003年度）
田中早苗
kana
pon2
かおる
児玉十六夜
斉藤郁美
ばんび
篠原敏子
島村淳一
杉本雄平
高田佳穂里
K.T.
selene18
緑川彩子
麦島久美子
山下絢子
バイオレット
えり

ほか、多数のみなさんのご協力をいただきました。
ありがとうございました。

出版案内 CosmoPier

『はじめての英語日記』で
1日3文書けるようになったら、
次はもう少し長く書いてみよう

自在に書ける実例パターン90！
1日まるごと英語日記

日記は書く人によって千差万別。自由度が高いだけに何をどう書いたらいいのか、逆に悩んでしまうこともあるはず。本書は学生からリタイア組まで、さまざまな設定の90パターンの日記例を示し、そこから自分なりにアレンジするための「入れ替え表現」を多数挙げています。まずは自分の1日を書き表してみる、次に時系列で英文をつないでいく、さらにひとつのテーマを掘り下げて書き続けるトレーニングで、自己表現力がグンと高まります。

本書の内容
【第1章】自分の1日を英語にしてみよう
・学生の1日[オンの日／オフの日]
・OLの1日[オンの日／オフの日]
・ビジネスマンの1日[オンの日／オフの日]
・主婦の1日
・リタイア組の1日

【第2章】時系列で書くジャーナル型日記
・学生編 ① ② ③
・OL編 ① ② ③
・ビジネスマン編 ① ② ③
・主婦編 ① ②
・リタイア組編 ① ②

【第3章】ひとつのテーマを掘り下げるトピック型日記
・学校[授業／サークル活動／試験／アルバイトに行く]
・仕事[出勤／メール／会議／企画書作成／出張／接待]
・趣味[映画／テレビ／読書／音楽を聴く／ピアノを弾く]
・買い物[コンビニに行く／特売日／ネットショッピング]
・食事[レストラン／コンビニ弁当を食べる／飲みに行く]
・料理[夕飯を作る／お弁当を作る／焼き菓子を作る]
・美容[美容院に行く／化粧品を買う／ダイエットをする]
・健康[体重を量る／マッサージに行く／頭痛／病院に行く]
・運動[スポーツジムに行く／水泳を習う／スノボに行く]
・レジャー[カラオケ／美術館／ディズニーランド／花火]
・生活[掃除／ガーデニング／図書館に行く／手紙を書く]他

【第4章】よりナチュラルな英文日記を書くテクニック

自在に書ける実例パターン90！
1日まるごと英語日記
What a Day for a Diary!
石黒加奈 著

「心に残った出来事、本当に自分が伝えたい気持ち」を書くことで、本物の英語力が身につきます。

◆「ウォーミングアップ」まず自分の1日を書いてみよう
◆「ジャーナル型日記」時系列で表してみよう
◆「トピック型日記」ひとつのテーマを掘り下げよう

「心に残った出来事、本当に自分が伝えたい気持ち」を書くことで、本物の英語力が身につきます。

16歳で単身渡米し、コロンビア大学を卒業。ジャパンタイムズ社で電子メディア局部長を務めたのち独立。

著者：石黒 加奈 定価1,575円
A5判書籍220ページ (本体1,500円+税)

発行 コスモピア www.cosmopier.com

出版案内

CosmoPier

決定版 英語シャドーイング〈超入門〉
ここからスタートするのが正解！

シャドーイングは現在の英語力より何段階か下のレベルから始めると、コツがうまくつかめます。そこでひとつが20～30秒と短く、かつスピードもゆっくりの素材を集めました。日常会話や海外旅行の定番表現、実感を込めて繰り返し練習できる感情表現がたくさん。継続学習を成功させる記録手帳付き。

編著：玉井 健
A5判書籍210ページ＋CD1枚（73分）

定価1,764円（本体1,680円＋税）

決定版 英語シャドーイング〈入門編〉
聞く力がグングン伸びる！

リスニングに抜群の速効があり、短期間で効果を実感できるシャドーイング。『入門編』では、スピードはゆっくりながら、ひとつが2～3分とやや長めの素材を提供します。名作の朗読や、小学校の理科と算数の模擬授業、ロバート・F・ケネディのキング牧師暗殺を悼むスピーチなど、やりがい十分。

編著：玉井 健
A5判書籍194ページ＋CD1枚（71分）

定価1,680円（本体1,600円＋税）

決定版 英語シャドーイング
最強の学習法を科学する！

音声を聞きながら、即座にそのまま口に出し、影のようにそっとついていくシャドーイング。「最強のトレーニング」と評される理論的根拠を明快に示し、ニュースやフリートーク、企業研修のライブ中継、さらにはトム・クルーズ、アンジェリーナ・ジョリーへのインタビューも使って、実践トレーニングを積みます。

著者：門田 修平／玉井 健
A5判書籍248ページ＋CD1枚（73分）

定価1,890円（本体1,800円＋税）

シャドーイングと音読 英語トレーニング
リスニング＆スピーキングに即効あり！

シャドーイングと音読の練習素材を提供し、効率よく英語力を伸ばすステップを示すトレーニング本。シャドーイングの前段階の学習法であるパラレル・リーディングを加えた3ステップで、初心者でも無理なく取り組めるようにしました。中でも、オバマ氏のスピーチは挑戦しがいのある題材です。

著者：門田 修平／高田 哲朗／溝畑 保之
A5判書籍224ページ＋CD1枚（65分）

定価1,890円（本体1,800円＋税）

英語シャドーイング〈映画スター編〉Vol.1
早口のスターのインタビューに挑戦！

キアヌ・リーブス／ケイト・ブランシェット／デンゼル・ワシントン／シャーリーズ・セロン／ケヴィン・スペイシー／ダニエル・ラドクリフ＆エマ・ワトソン／ジェニファー・アニストン他『フレンズ』出演者の、計7本のインタビューでシャドーイング。興味津々の発言内容を楽しみながら、高度なトレーニングができます。

著者：玉井 健
A5判書籍168ページ＋CD2枚（74分×2）

定価1,890円（本体1,800円＋税）

英語シャドーイング〈映画スター編〉Vol.2
「高速モード」のリスニング力がつく

レニー・ゼルウィガー／マット・デイモン／ニコール・キッドマン／ジョージ・クルーニー／ジェニファー・ロペス／レオナルド・ディカプリオ等のインタビューを収録。手強いスターの英語も、シャドーイングなら、出身地で異なる発音や心情を伝える細かなニュアンスまで、正確にキャッチできるようになります。

著者：玉井 健／西村 友美
A5判書籍168ページ＋CD2枚（72分、46分）

定価1,890円（本体1,800円＋税）

全国の書店で好評発売中！

発行 コスモピア　　www.cosmopier.com

出版案内

英会話 1000本ノック
まるでマンツーマンのレッスン！

ひとりでできる英会話レッスンが誕生しました。ソレイシィコーチがCDから次々に繰り出す1000本の質問に、CDのポーズの間にドンドン答えていくことで、沈黙せずにパッと答える瞬発力と、3ステップで会話をはずませる本物の力を養成します。ソレイシィコーチの親身なアドバイスも満載。

著者：スティーブ・ソレイシィ
A5判書籍237ページ＋CD2枚（各74分）
定価1,890円（本体1,800円＋税）

英会話 1000本ノック〈入門編〉
初心者にやさしいノックがたくさん！

『英会話1000本ノック』のCDに収録されているのは質問のみであるのに対し、『入門編』は質問→ポーズ→模範回答の順で録音されているので、ポーズの間に自力で答えられないノックがあっても大丈夫。5級からスタートして、200本ずつのノックに答えて1級まで進級するステップアップ・レッスンです。

著者：スティーブ・ソレイシィ
A5判書籍184ページ＋CD2枚（各72分、71分）
定価1,764円（本体1,680円＋税）

言いまくり！英語スピーキング入門
本書では沈黙は「禁！」

「あいさつ程度」から脱却すべく、描写力・説明力を徹底的に鍛える1冊。写真やイラストといった「視覚素材」を使って、考える→単語を探す→文を作る→口に出すという一連のプロセスのスピードアップを図り、見た瞬間から英語が口をついて出てくるようにするユニークなトレーニングブックです。

著者：高橋 基治／ロバート・オハラ
A5判書籍184ページ＋CD1枚（54分）
定価1,680円（本体1,600円＋税）

日常英会話。ほんとに使える表現500
ミニドラマで楽しくレッスン

外資系企業に転職した28歳の主人公が、上司や同僚、その友人や家族に囲まれながら、英語にも仕事にも次第に自信をつけていく過程を描いた1年間のミニドラマ。24シーン、各2～3分の会話の中に、よく使われる表現を平均20個もアレンジしました。イキイキしたセリフはシャドーイングの練習に最適。

著者：キャスリーン・フィッシュマン／坂本 光代
A5判書籍232ページ＋CD1枚（68分）
定価1,890円（本体1,800円＋税）

耳からマスター！しゃべる英文法
使えない知識を「使える英語」に！

学校でずっと勉強したのに話せないのは、授業が「話す」ためのものではなかったから。本気で話せるようになりたければ、「大量のインプット」＋「少しのアウトプット」で、英文法を自動的に使いこなせるようにするのが正解です。その絶妙な組み合わせのトレーニングを実現した、学習者待望の1冊。

著者：白井 恭弘
A5判書籍184ページ＋CD2枚（64分、68分）
定価1,890円（本体1,800円＋税）

現地なま録音 アメリカ英語を聞く
手加減なしの街の人の声で大特訓！

しっかり予習してアメリカに行ったのに、「全然聞き取れなかった」とショックを受けて帰国することが多いのは、スタジオ録音と生の英語のギャップが原因。NYとワシントンで録音してきた現地英語は、周囲の騒音やなまり、さまざまな音変化のオンパレード。3段階トレーニングで、本物の音を徹底攻略します。

著者：西村 友美／中村 昌弘
A5判書籍167ページ＋CD1枚（52分）
定価1,890円（本体1,800円＋税）

全国の書店で好評発売中！

発行 コスモピア　　www.cosmopier.com

出版案内　CosmoPier

大人のための英語多読入門
50代からの人生を変える！

自らも50代になってゼロから多読を始めた著者が、大人になってからやさしい洋書にチャレンジする意味を説きます。定年を迎え、あるいは子育てを終え、やっと自分の時間がもてるようになった層に、「お勉強」ではなく「読書」として洋書を楽しむ方法を懇切丁寧にアドバイスします。

監修：酒井 邦秀
著者：佐藤 まりあ
A5判書籍239ページ
定価1,890円（本体1,800円＋税）

ミステリではじめる英語100万語
結末が早く知りたいから、多読に最適！

犯人は？　手口は？　動機は……。読み始めたら、どうしても結末が早く知りたくなるミステリは、100万語多読には最適の素材です。日本ではあまり知られていない、英米の子どもたちに大人気のシリーズから、ジョン・グリシャム等の本格派ペーパーバックまで、多読におすすめのミステリをレベル別に紹介します。

著者：酒井 邦秀／佐藤 まりあ
A5判書籍218ページ
定価1,680円（本体1,600円＋税）

「ハリー・ポッター」Vol.1が英語で楽しく読める本
原書で読めばもっともっと楽しい！

原書と平行して活用できるガイドブック。章ごとに「章題」「章の展開」「登場人物」「語彙リスト」「キーワード」で構成し、特に語彙リストには場面ごとに原書のページと行を表示しているので、辞書なしでラクラク読み通すことができます。呪文や固有名詞の語源や、文化的背景まで詳しく解説。

●Vol.2～7も好評発売中！

著者：クリストファー・ベルトン
翻訳：渡辺 順子
A5判書籍176ページ
定価1,365円（本体1,300円＋税）

イギリス英語で聞く「ハリー・ポッターと不思議の国イギリス」
イギリス英語の響きに浸りきる

クリストファー・ベルトン初のエッセー集『ハリー・ポッターと不思議の国イギリス』の原文を、格調高いイギリス英語の朗読CDにしました。原書から特に朗読に適した章を抜粋し、巻末には著者とナレーターの特別対談を収録。ハンディなテキストには英文・対訳・語注のほか、イラストや写真も掲載。

著者：クリストファー・ベルトン
朗読：スチュアート・アトキン
CD2枚（各72分）＋
小冊子144ページ
定価1,890円（本体1,800円＋税）

英語多読完全ブックガイド〈改訂第3版〉
洋書13,000冊の最新データベース

リーダー、児童書、ペーパーバックなど、多読におすすめの洋書13,000冊を選定。英語レベル別に特選本を推薦しているほか、すべての本に、読みやすさレベル、おすすめ度、総語数、ジャンル、コメント、ISBNのデータを掲載。次にどの本を読もうと思ったときにすぐに役立つ、多読必携のブックガイドです。

編著：古川 昭夫、
　　　神田 みなみ
A5判書籍512ページ
定価2,940円（本体2,800円＋税）

音のある英語絵本ガイド
45冊のサンプル音声をCDに収録！

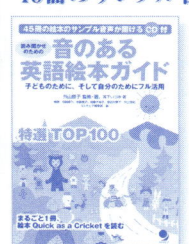

子どもに読み聞かせをしてあげたい。小学校の授業に絵本の読み聞かせを取り入れたい。でも発音に自信がない、どんな調子で読めばいいのか……。そんな声にお応えして、日本で音源が入手可能な絵本を探しました。英語のリズムやイントネーションが自然に習得でき、かつ絵本としてもすぐれたタイトル135冊を厳選。

監修・著：外山 節子
著者：宮下 いづみ
A5判書籍254ページ＋
CD1枚（72分）
定価2,520円（本体2,400円＋税）

全国の書店で好評発売中！

発行　コスモピア　　www.cosmopier.com

出版案内

CosmoPier

全国の書店で好評発売中！

基礎からの英語eメール仕事術
ビジネスeメールのマナーから実践まで

海外駐在15年の著者が、仕事を成功に導くeメールの書き方を伝授。シンプルな英語で必要事項を簡潔に伝える「ビジネスライク」な英文に「パーソナル・タッチ」を添えて、相手との信頼関係を築くメール作成のコツを学びます。現役ビジネスマンだから書けたナマナマしいケース・スタディが本書の特長です。

著者：柴田 真一
A5判書籍240ページ
定価2,100円（本体2,000円＋税）

ライティング・パートナー
プロのイギリス人ライター直伝の1冊！

英文ライティングの基本ルール、注意したい文法事項から、日記・メール・ビジネスレター・スピーチ原稿・プレゼン原稿の具体的書き方までカバー。これ1冊でどんな英文でも書けるようになります。英語を書くプロが、ネイティブの目から見た日本人の苦手な部分、稚拙な印象を回避するテクニック等を丁寧にアドバイス。

著者：クリストファー・ベルトン
翻訳：渡辺 順子
A5判書籍376ページ
定価2,310円（本体2,200円＋税）

はじめてのハングル体験ブック
5日間で書ける読める！

ハングルはまったく初めての人が対象。暗号のように見えるハングルも、その仕組みを知れば、パーツを合理的に組み合わせたシンプルな文字であることがわかります。「あいうえお」を書いてみる、「50音表」を作ってみるなど、書き込み式ページをたくさん設け、誰でもやり通せるようにしました。

監修・著：中村 克弥
変型サイズ書籍128ページ＋CD1枚（48分）
定価1,260円（本体1,200円＋税）

英単語 語源ネットワーク
語彙力アップの決め手が語源！

英語上級者に単語を覚えた秘訣を聞くと、異口同音に出てくるのが語源。ギリシャ語、ラテン語、ゲルマン語にさかのぼる英語の語源にはドラマがあります。丸暗記は不要。単語の意味を決定する語根と接頭辞をネットワーク的に覚えていく方法は、忘れにくいうえに未知語への応用が利く王道。

著者：クリストファー・ベルトン／長沼 君主
A5判書籍228ページ
定価1,890円（本体1,800円＋税）

決定版 英語エッセイ・ライティング
TOEFL®テスト対策にも！

英文レポートや小論文作成、TOEFL受験や留学で必要となるエッセイ・ライティングには、明確な「ルール」があります。「トピックを決める」「アウトラインを決める」から「パンクチュエーションのチェック」まで、本書のフローチャート通りに進めば、誰でもわかりやすい英文が書けるようになります。

著者：門田 修平／氏木 道人／伊藤 佳世子
A5判書籍216ページ
定価2,100円（本体2,000円＋税）

八田式 ぺらぺらハングル基本単語
「単語の壁」を楽しく乗り越えよう!!

ハングル文字の基本はだいたいマスターし、次は会話に進みたい初級者に贈る単語入門。イラストで名詞を目に焼き付け、八田式ダジャレのインパクトで基本語を覚え、脱力系4コマ漫画で動詞の活用形をマスターしと、思わず笑ってしまう要素がたくさん。音声はホームページから無料ダウンロードできます。

著者：八田 靖史
四六判書籍142ページ
定価1,365円（本体1,300円＋税）

発行 コスモピア
www.cosmopie.com

出版案内　CosmoPier

990点満点講師はどのように TOEIC®テストを解いているか
解答のフローを秒単位で再現！

満点を連発しているカリスマ講師陣にサンプル問題を解いてもらい、三者三様の解答のプロセスを秒単位で公開。いわば「頭の中を覗き見する」ことで、着眼点や戦略のヒントを得ようというものです。リスニング問題と満点を狙う難単語100の音声はコスモピアのホームページから無料ダウンロードできます。

著者：早川 幸治／神崎 正哉／TEX加藤
四六判書籍163ページ

定価1,575円（本体1,500円+税）

新・最強の TOEIC®テスト入門
「見れば」すぐにポイントがわかる！

「全文を読むな」「動作だけを聞いても正解を選べる」「最初の数行に1問目の答えがある」というように、61の出題パターンをズバズバ提示。具体的な例題に沿いながら、解答のフローをページ見開きでわかりやすく示します。初受験で500点獲得、2回目以降の人は150点アップが目標です。

著者：塚田 幸光／横山 仁視 他
A5判書籍260ページ+CD1枚（59分）

定価1,890円（本体1,800円+税）

TOEIC®テスト 出まくりキーフレーズ
直前にフレーズ単位で急速チャージ！

TOEICテストの最頻出フレーズ500を、わずか1時間で耳と目から急速チャージします。フレーズを盛り込んだ例文は、試験対策のプロ集団がじっくり練り上げたもので、例文中のキーフレーズ以外の単語もTOEICテストやビジネスの必須単語ばかり。ひとつの例文が何倍にも威力を発揮する、まさに短期決戦の特効薬です。

著者：英語工房
B6判書籍188ページ+CD1枚（57分）

定価1,575円（本体1,500円+税）

TOEIC®テスト語彙＆文法 一発快答！
正解としてねらわれる単語に焦点

語彙対策は受験者の悩みの種。本書は単語の数ではなく「質」、つまり効率に徹底してこだわりました。解答の選択肢に頻出する語句を厳選して、例文やPART5形式の実践問題で攻略します。最後にはスコアをさらに50点上乗せするイディオムをチェック。音声はホームページから無料ダウンロード可。

著者：鈴木 淳
四六判書籍231ページ

定価1,470円（本体1,400円+税）

新TOEIC®テスト 出る語句1800
ショートストーリーの中で覚える！

1冊まるごとビジネスのストーリー仕立て。PART3形式の短い会話、PART4形式のスピーチやアナウンスの中に、最新のデータから選出した頻出語句が4つずつ入っています。ストーリーの流れに沿って関連語が次々と登場するので、記憶への定着度は抜群。単語の使い方ごと身につきます。

著者：早川 幸治
B6判書籍284ページ+CD2枚（47分、52分）

定価1,680円（本体1,600円+税）

大学1年生のための TOEIC®テスト入門
カリスマ講師陣がアドバイス！

単位認定、クラス分け、進級条件と、大学での活用範囲が広がるTOEICテストの詳細をガイド。PART別攻略ポイントはCDで音声解説します。さらに「長文が苦手」「文法や単語の暗記が嫌い」「そもそも英語がとにかく嫌い」など、大学生からよく聞く7つの悩みに、5人の執筆陣が丁寧にアドバイス。

著者：早川 幸治／安河内 哲也／髙橋 基治 他
B5判書籍122ページ+CD1枚（50分）

定価1,470円（本体1,400円+税）

全国の書店で好評発売中！

発行　コスモピア　　www.cosmopier.com

通信講座　　　　　　　　　　　　　　　　　　　　　　　CosmoPier

新TOEIC®テスト対策、「何を」「どれだけ」「どう」学べばいいのか……通信講座ならその答えが用意されています！

目標スコアごとに綿密に組まれたカリキュラムで、確実なスコアアップを実現します。

新TOEIC®テスト スーパー入門コース

まずはリスニングからスタート。「聞くこと」を通して、英語の基礎固めとTOEICテスト対策の2つを両立させます。

開始レベル	スコア300点前後または初受験
目標スコア	400点台
学習時間	1日20分×週4日
受講期間	3カ月
受講料	14,700円（税込）

新TOEIC®テスト GET500コース

英語を、聞いた順・読んだ順に英語のまま理解する訓練を積み、日本語の介在を徐々に減らすことでスコアアップを実現します。

開始レベル	スコア400点前後
目標スコア	500点台
学習時間	1日20分×週4日
受講期間	3カ月
受講料	20,790円（税込）

新TOEIC®テスト GET600コース

600点を超えるには時間との闘いがカギ。ビジネスの現場でも必須となるスピード対策を強化し、さらに頻出語彙を攻略します。

開始レベル	スコア500点前後
目標スコア	600点台
学習時間	1日30分×週4日
受講期間	4カ月
受講料	29,400円（税込）

監修　田中宏昌　明星大学教授
NHK「ビジネス英会話」「英語ビジネスワールド」の講師を4年にわたって担当。ビジネスの現場に精通している。

●大手企業でも、続々と採用中！
【採用企業例】
NEC／NTTグループ／富士通エフ・アイ・ピー／松下電工／本田技研工業／INAX／アサヒ飲料／シチズン電子／京セラ／エイチ・アイ・エス　他
●全国の大学生協でも好評受付中です。

まずはパンフレット（無料）をご請求ください
＊本書はさみ込みのハガキが便利です。

教材の一部の音声をネットで試聴もできます。
ぜひ一度アクセスしてみてください。
www.cosmopier.com

〒151-0053　東京都渋谷区代々木4-36-4　TEL 03-5302-8378　FAX 03-5302-8399
主催　コスモピア
TOEIC is a registered trademark of Educational Testing Service(ETS). This product is not endorsed or approved by ETS.

多聴多読ステーション

やさしい洋書1,500冊以上の立ち読み・試聴サイト

www.kikuyomu.com
キクヨム

- 読みやすさレベルから探す！
- 聞きやすさレベルから探す！
- ジャンルから探す！
- タイトル、著者名などから検索！
- 自分のリーディング力、リスニング力をチェック！
- 読みやすさと聞きやすさの両方から検索！
- 冒頭4ページ分の立ち読みができます
- 朗読CDの試聴もできます

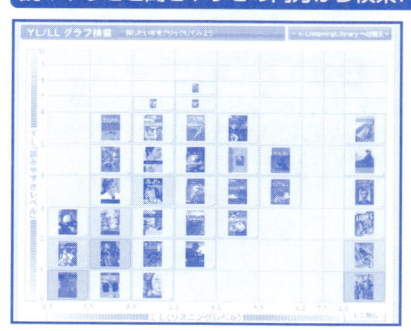

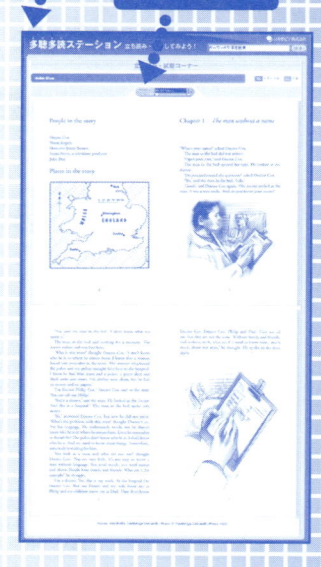

コスモピア厳選の洋書絵本をオンラインショップで販売中！